国家社会科学基金重大项目（23VRC043）研究成果
北京外国语大学"双一流"建设标志性项目（BW202018）研究成果

"一带一路"国家文化教育大系　　　　总主编　王定华

科特迪瓦
文化教育研究

Côte d'Ivoire
Culture et Éducation

武亦文　齐政文　著

外语教学与研究出版社
FOREIGN LANGUAGE TEACHING AND RESEARCH PRESS
北京 BEIJING

图书在版编目（CIP）数据

科特迪瓦文化教育研究 / 武亦文，齐政文著. -- 北京：外语教学与研究出版社，2024.10. --（"一带一路"国家文化教育大系 / 王定华总主编）. -- ISBN 978-7-5213-5795-0

Ⅰ. G544.6

中国国家版本馆 CIP 数据核字第 2024TF8040 号

科特迪瓦文化教育研究
KETEDIWA WENHUA JIAOYU YANJIU

出 版 人	王　芳
项目负责	巢小倩　姚希瑞
责任编辑	赵　雪
责任校对	白小羽
封面设计	李　高　锋尚设计
版式设计	李　高
出版发行	外语教学与研究出版社
社　　址	北京市西三环北路 19 号（100089）
网　　址	https://www.fltrp.com
印　　刷	北京盛通印刷股份有限公司
开　　本	787×1092　1/16
印　　张	13.5　彩插 1 印张
字　　数	211 千字
版　　次	2024 年 10 月第 1 版
印　　次	2024 年 10 月第 1 次印刷
书　　号	ISBN 978-7-5213-5795-0
定　　价	158.00 元

如有图书采购需求，图书内容或印刷装订等问题，侵权、盗版书籍等线索，请拨打以下电话或关注官方服务号：
客服电话：400 898 7008
官方服务号：微信搜索并关注公众号"外研社官方服务号"
外研社购书网址：https://fltrp.tmall.com

物料号：357950001

"一带一路"国家文化教育大系编委会

顾　问：顾明远

总主编：王定华

委　员（按姓氏笔画排列）：

万作芳	王　芳	石筠弢	刘　捷
刘欣路	刘宝存	孙凤兰	苏莹莹
李洪峰	张民选	金利民	赵　刚
柯　静	秦惠民	钱乘旦	徐　辉
徐建中	郭小凌	常福良	巢小倩
谢维和	戴桂菊		

科特迪瓦滨海景色

阿比让行政商务区街景

国家奥林匹克体育场

阿比让的商场

象牙酒店夜景

私立加玛丽尔幼儿园

学前教育活动

学前教育儿童活动合影

橄榄树山私立小学

弗雷德博培国际私立中学

阿比让国际英文学校

费利克斯·乌弗埃-博瓦尼大学

亚穆苏克罗国立博瓦尼理工学院

阿比让高等学院

阿比让高等商学院

阿拉萨内·瓦塔拉大学

中科两国政府庆祝建交40周年发行邮票仪式

中企开工受到附近学校学生欢迎

中科国际教育合作项目签约仪式

中科职业教育国际合作研讨会

出版说明

2013年9月7日，国家主席习近平提出共建"丝绸之路经济带"重大倡议。2013年10月3日，习近平主席提出共建"21世纪海上丝绸之路"重大倡议。两者合称"一带一路"倡议。以2013年金秋为起点，"一带一路"倡议作为构建人类命运共同体的伟大设想，在开拓和平、繁荣、开放、绿色、创新、文明之路的非凡征程中，孕育生机和活力，汇聚信心和期待，在世界范围内广受欢迎和响应。

文化交流、文明互鉴是构建人类命运共同体的人文基础。文化发展，教育先行。作为"共和国外交官的摇篮"、文化教育的主动践行者、"一带一路"倡议的踊跃响应者和构建人类命运共同体的积极参与者，北京外国语大学在党委书记王定华教授的带领下，放眼世界，找准坐标，勇于担当，主动作为，深耕文化教育相关领域，研究、策划并组织编写了"一带一路"国家文化教育大系（以下简称大系）。国内相关高校和研究机构的众多专家学者献计献策，踊跃参加，形成了一个范围广泛、交流互动、共同进步的"一带一路"国家文化教育学术研究共同体。大系旨在填补国内相关研究领域的学术空白，实现"一带一路"国家教育研究全覆盖，为中国教育"走出去"和相关国家先进教育理念"请进来"提供科学理论和实践指导，具有重要的学术价值。同时，大系服务国家重大战略，通过分期分批出版，形成规模和品牌，助力教育强国建设，具有深远的意义。

作为国家社会科学基金重大项目"'一带一路'沿线国家文化教育发展状

况调查研究"、北京外国语大学"双一流"建设标志性项目"'一带一路'国家文化教育研究"的课题研究成果和北京外国语大学党委的"奋进之举"，大系秉承学术性与可读性兼顾的原则，对"一带一路"国家文化教育理论与实践问题展开深入研究，从国情概览、文化传统、教育历史、学前教育、基础教育、高等教育、职业教育、成人教育、教师教育、教育政策、教育行政、教育交流等方面，全景擘画"一带一路"国家的教育风貌，帮助读者了解"一带一路"国家教育的历史与现状、经验与特点，为我国教育的发展和对外交流合作提供有益的借鉴、思考与启迪。

世界已进入新的动荡变革期，以"人类命运共同体"理念为价值导向，系统研究"一带一路"国家文化教育的历史、现状、经验、挑战等基本问题，深刻洞悉各共建国的教育政策、教育治理和教育发展前景，是扩大我国教育对外开放、提升我国教育国际影响力、响应和支持"一带一路"倡议的切实有力之举。在此，特别感谢大系总策划、总主编王定华教授，以及所有顾问、编委和作者的心血倾注、智慧贡献和努力付出。

外语教学与研究出版社对大系的编写和出版工作给予了高度重视。自2019年项目启动以来，外研社抽调精锐力量成立大系工作组，多次组织相关部门和人员召开选题论证会，商建编委会，召开全体作者大会，制订周密、科学的出版计划，以保证项目的顺利开展和图书的优质出版。目前，大系的出版工作已取得阶段性丰富成果，接下来将继续分期分批推出数量和规模可观的、具有相当科研价值和学术价值的系列专著。期望大系的编写和出版能为"一带一路"建设、中外教育交流及我国文化教育发展发挥基础性、服务性、广远性的作用。

外语教学与研究出版社
2024 年 9 月

总　序

王定华

改革开放以来，中国各项事业取得了巨大成就。中国经济和世界经济高度关联，中国一以贯之地坚持对外开放的基本国策，构建全方位开放新格局，深度融入世界经济体系。2013年9月和10月，习近平主席在出访中亚和东南亚国家期间，先后提出共建"丝绸之路经济带"和"21世纪海上丝绸之路"的重大倡议（以下简称"一带一路"倡议），得到国际社会的高度关注。其中，"丝绸之路经济带"东边牵着亚太经济圈，西边系着发达的欧洲经济圈，是世界上最长、最具发展潜力的经济大走廊；"21世纪海上丝绸之路"串起连通东盟、南亚、西亚、北非、欧洲等各大经济板块的市场链，发展面向南海、太平洋和印度洋的战略合作经济带，以亚欧非经济贸易一体化为发展的长期目标。

一、精准把握"一带一路"倡议的时代意蕴

"经济带"概念是对地区经济合作模式的创新。其中经济走廊涵盖中蒙

俄经济走廊、新亚欧大陆桥、中国-中亚-西亚经济走廊、孟中印缅经济走廊、中国-中南半岛经济走廊等，以经济增长极辐射周边，超越了传统发展经济学理论。"丝绸之路经济带"概念不同于历史上所出现的各类"经济区"与"经济联盟"，同后两者相比，经济带具有灵活性高、适用性广以及可操作性强的特点，各国都是平等的参与者，本着自愿参与、协同推进的原则，发扬古丝绸之路兼容并包的精神。

"一带一路"倡议是我国在新时代推进全方位对外开放的重要举措，为当今世界提供了一个充满东方智慧、实现共同发展的中国方案，也是对历史文化传统的高度尊重，凝聚了世界各国利益的最大公约数。丝绸之路是起始于古代中国，连接亚洲、非洲和欧洲的古代陆上商业贸易路线，最初的作用是运输古代中国出产的丝绸、瓷器等商品，后来成为东方与西方之间在经济、政治、文化等方面进行交流的主要通道。1877年，德国地质、地理学家李希霍芬（F. P. W. Richthofen）在其著作《中国》一书中，把公元前114年至公元127年，中国与中亚、中国与印度间以丝绸贸易为媒介的这条西域交通道路命名为"丝绸之路"，这一名词很快为学术界和大众所接受，并正式运用。其后，德国历史学家赫尔曼（A. Herrmann）在20世纪初出版的《中国与叙利亚之间的古代丝绸之路》一书中，根据新发现的文物考古资料，进一步把丝绸之路延伸到地中海西岸和小亚细亚，并确定了丝绸之路的基本内涵，即它是中国古代与中亚、南亚、西亚以及欧洲、北非的陆上贸易交往通道。进入21世纪，海上丝绸之路也被纳入丝绸之路的涵盖范围，即从中国沿海港口过南海到印度洋并延伸至欧洲，从中国沿海港口过南海到南太平洋。随着时代的发展，"丝绸之路"成为古代中国与西方所有政治经济文化往来通道的统称。

推进"一带一路"建设既是中国扩大和深化对外开放的需要，也是加强和世界各国互利合作的需要，中国愿意承担更多责任和义务，为人类和平发展做出更大的贡献。文明交流互鉴是构建人类命运共同体的重要途径，是推动人类文明共同进步、实现世界和平发展的重要动力。共建"一带一路"要顺应世界多极化、经济全球化、文化多样化、社会信息化的潮流，秉持开放的区域合作精神，致力于推动"一带一路"各国实现经济政策协调，开展更大范围、更高水平、更深层次的区域合作，共同打造开放、包容、均衡、普惠的区域经济合作架构，维护全球自由贸易体系和开放型世界经济格局。

"一带一路"贯穿亚欧非大陆，一头是活跃的东亚经济圈，一头是发达的欧洲经济圈，中间广大腹地国家经济发展潜力巨大。根据"一带一路"走向，陆上依托国际大通道，以中心城市为支撑，以重点经贸产业园区为合作平台，共同打造新亚欧大陆桥以及中蒙俄、中国-中亚-西亚、中国-中南半岛等国际经济合作走廊；海上以重点港口为基点，共同建设通畅安全高效的运输大通道。

"一带一路"建设是有关国家开放合作的宏大经济愿景，需要各国携手努力，朝着互利互惠、共同安全的目标相向而行：努力实现区域基础设施更加完善，安全高效的陆海空通道网络基本形成，互联互通达到新水平；投资贸易便利化水平进一步提升，高标准自由贸易区网络基本形成，经济联系更加紧密，政治互信更加深入；人文交流更加广泛深入，不同文明互鉴共荣，各国人民相知相交、和平友好。

"一带一路"倡议是具有开放性和包容性的友好建议。当今世界是一个开放的世界，开放带来进步，封闭导致落后。中国认为，只有开放才能发现机遇、抓住并用好机遇、主动创造机遇，才能实现国家的奋斗目标。"一带一路"倡议就是要把世界的机遇转变为中国的机遇，把中国的机遇转变为世界的机遇。正是基于这种认知与愿景，"一带一路"倡议以开放为导向，冀望通过加强交通、能源和网络等基础设施的互联互通建设，促进经济要素有序自由流动、资源高效配置和市场深度融合，开展更大范围、更高水平、更深层次的区域合作，打造开放、包容、均衡、普惠的区域经济合作架构，以此来解决经济增长和平衡问题。"一带一路"倡议的开放包容性是区别于其他区域性经济倡议的一个突出特点。

"一带一路"倡议是超越地缘政治的务实合作的广阔平台。"和平合作、开放包容、互学互鉴、互利共赢"的丝路精神是人类共有的历史财富，"一带一路"倡议就是秉承这一精神与原则提出的新时代重要倡议，通过加强相关国家间的全方位多层面交流合作，充分发掘与发挥各国的发展潜力与比较优势，形成互利共赢的区域利益共同体、命运共同体和责任共同体。在这一机制中，各国是平等的参与者、贡献者、受益者。因此，"一带一路"倡议从一开始就具有平等性、和平性特征。平等是中国坚持的重要国际准则，也是"一带一路"建设的关键基础。只有建立在平等基础上的合作才能是持久的合作，也才会是互利的合作。"一带一路"倡议平等包容的合作特征为其推进减轻了阻力，提升了共建效率，有助于国际合作真正"落地生根"。同时，"一带一路"建设离不开和平安宁的国际环境和地区环境，和平是"一带一路"建设的本质属性，也是保障其顺利推进所不可或缺的重要因素。这些就决定了"一带一路"倡议不应该也不可能沦为大国政治较量的工具，更不会重复地缘博弈的老路。

"一带一路"倡议是政府、企业、团体共同发力的项目载体。"一带一路"建设是在双边或多边联动基础上通过具体项目加以推进的，是在进行充分政策沟通、战略对接以及市场运作后形成的发展倡议与规划。2017年5月发布的《"一带一路"国际合作高峰论坛圆桌峰会联合公报》强调了建设"一带一路"的合作原则，其中就包括市场运作原则，即充分认识市场作用和企业主体地位，确保政府发挥适当作用，政府采购程序应开放、透明、非歧视。可见，"一带一路"建设的核心主体与支撑力量并不是政府，而是企业，根本方法是遵循市场规律，并通过市场化运作模式来实现参与各方的利益诉求，政府在其中发挥构建平台、创立机制、政策引导等指向性、服务性功能。

"一带一路"倡议是与现有相关机制对接互补的有益渠道。参与"一带一路"建设的国家要素禀赋各异,比较优势差异明显,互补性很强。有的国家能源资源富集但开发力度不够,有的国家劳动力充裕但就业岗位不足,有的国家市场空间广阔但产业基础薄弱,有的国家基础设施建设需求旺盛但资金紧缺。我国目前经济总量居全球第二,外汇储备居全球第一,优势产业越来越多,基础设施建设经验丰富,装备制造能力强、质量好、性价比高,具备资金、技术、人才、管理等综合优势。这就为我国与其他"一带一路"建设参与方实现产业对接与优势互补提供了现实可能与重大机遇。因而,"一带一路"倡议的核心内容就是要加强基础设施建设和促进互联互通,对接各国政策和发展战略,以便深化务实合作,促进协调联动发展,实现共同繁荣。由此可见,"一带一路"倡议不是对现有地区合作机制的替代,而是与现有机制互为助力、相互补充。实际上,"一带一路"建设已经与俄罗斯主导的欧亚经济联盟、印尼全球海洋支点发展规划、哈萨克斯坦光明之路经济发展战略、蒙古国草原之路倡议、欧盟欧洲投资计划、埃及苏伊士运河走廊开发计划等实现了对接与合作,并形成了一批标志性项目,如中哈(连云港)物流合作基地。作为新亚欧大陆桥经济走廊建设成果之一,中哈(连云港)物流合作基地初步实现了深水大港、远洋干线、中欧班列、物流场站的无缝对接。该项目与哈萨克斯坦光明之路经济发展战略高度契合。

"一带一路"倡议是促进人文交流的沟通桥梁。"一带一路"倡议跨越不同区域、不同文化、不同宗教信仰,但它带来的不是文明冲突,而是各文明间的交流互鉴。"一带一路"倡议在推进基础设施建设、加强产能合作与发展战略对接的同时,也将"民心相通"作为工作重心之一。民心相通是"一带一路"建设的社会根基。民心相通就是要传承和弘扬丝绸之路友好合作精神,广泛进行文化交流、学术交流、人才交流往来、媒体合作、青年和妇女交往、志愿者服务等,为深化双边和多边合作奠定坚实的民意基础。一是扩大相互间留学生规模,开展合作办学;国家间互办文化年、艺术节、电影节、电视周和图书展等活动，深化国家间人才交流合作。二是加强旅游合作，扩大旅游规模，联合打造具有丝绸之路特色的国际精品旅游线路和旅游产品。三是强化与周边国家在传染病疫情信息沟通、防治技术交流、专业人才培养等方面的合作，提高合作处理突发公共卫生事件的能力。四是加强科技合作，共建联合实验室（研究中心）、国际技术转移中心、海上合作中心，促进科技人员交流，合作开展重大科技攻关，共同提升科技创新能力。五是整合现有资源，开拓和推进参与国家在青年就业、创业培训、职业技能开发、社会保障管理服务、公共行政管理等共同关心领域的务实合作。六是充分发挥政党、议会交往的桥梁作用，加强国家之间立法机构、主要党派和政治组织的友好往来，互结友好城市。七是加强各国民间组织的交流合作，重点面向基层民众，广泛开展教育、医疗、减贫开发、生物多样性和生态环保等主题的各类公益慈善活动，改善贫困地区生产生活条件；加强文化传媒领域的国际交流合作，积极利用网络平台，运用新媒体工具，塑造和谐友好的文化生态和舆论环境；通过强化民心相通，弘扬丝绸之路精神，开展智力丝绸之路、健康丝绸之路等建设，在科学、教育、文化、卫生、民间交往等领域广泛合作，使"一带一路"建设的民意基础更为坚实，社会根基更加牢固。"一带一路"建设就是要以文明交流超越文明隔阂，以文明互鉴超越文明冲突，以文明共存超越文明优越，为相关国家人民加强交流、增进理解搭起新的桥梁，为不同文化和文明加强对话、交流互鉴织就新的纽带，推动各国相互理解、相互尊重、相互信任。

"一带一路"是促进共同发展、实现共同繁荣的友谊之路。共建"一带一路"旨在促进各国发展战略的对接和耦合，有利于发掘区域市场的潜力，推动经济要素有序自由流动、资源高效配置和市场深度融合，促进投资和消费，创造需求和就业，增进各国人民的人文交流与文明互鉴，从而让各国人民相逢相知、互信互敬，共享和谐、安宁、富裕的生活。共建"一带

"一路"符合国际社会的根本利益，彰显了人类社会的共同理想和美好追求，是国际合作及全球治理新模式的积极探索，将为世界和平发展增添新的正能量。中国政府倡议秉持和平合作、开放包容、互学互鉴、互利共赢的理念，全方位推进务实合作，打造政治互信、经济融合、文化包容的利益共同体、命运共同体和责任共同体。

"一带一路"倡议已经得到世界上众多国家和地区的积极响应，成为维护全球自由贸易体系和开放型世界经济的重要支撑。截至2021年1月30日，中国已经同171个国家和国际组织签署205份共建"一带一路"合作文件。[1] 特别是2017年5月第一届"一带一路"国际合作高峰论坛、2019年4月第二届"一带一路"国际合作高峰论坛和2019年5月亚洲文明对话大会的成功举办，充分彰显了我国开放、包容的大国外交风范。在此背景下，我们一方面应致力于向世界介绍中国，推动中国文化"走出去"，讲好中国故事；另一方面也应加强对"一带一路"国家的历史、文化、语言、教育、艺术等方面的介绍和研究，让中国人民更多地了解"一带一路"国家的具体国情，特别是文化传统和教育体系。

"一带一路"倡议合作范围不断扩大，合作领域愈加广阔。它不仅给参与各方带来了实实在在的合作红利，也为世界贡献了应对挑战、创造机遇、强化信心的智慧与力量。

当今世界，新冠肺炎疫情带来诸多挑战，局部战争风险依然存在，经济增长动能不足，"逆全球化"思潮涌动，地区动荡持续，恐怖主义蔓延。和平赤字、发展赤字、治理赤字带来的严峻问题，已摆在全人类面前。这充分说明现有的全球治理体系面临结构性问题，亟须找到新的破解之策与应对方略。作为一个新兴大国，中国有能力、有意愿同时也有责任为完善全球治理体系贡献智慧与力量。面对新挑战、新问题、新情况，中国给出

---

[1] 中国一带一路网. 我国已签署共建"一带一路"合作文件205份 [EB/OL]. (2021-01-30) [2021-02-23]. https://www.yidaiyilu.gov.cn/xwzx/gnxw/163241.htm.

的全球治理方案是：构建人类命运共同体，实现共赢共享。"一带一路"倡议正是朝着这个目标努力的具体实践。"一带一路"倡议强调各国的平等参与、包容普惠，主张携手应对世界经济面临的挑战，开创发展新机遇，谋求发展新动力，拓展发展新空间，共同朝着人类命运共同体方向迈进。正是本着这样的原则与理念，"一带一路"倡议针对各国发展的现实问题和治理体系的短板，创立了亚洲基础设施投资银行、丝路基金等新型国际机制，构建了多形式、多渠道的交流合作平台。这既能缓解当今全球治理机制代表性、有效性、及时性难以适应现实需求的困境，在一定程度上扭转公共产品供应不足的局面，提振国际社会参与全球治理的士气与信心，又能满足发展中国家尤其是新兴市场国家变革全球治理机制的现实要求，大大增强了新兴国家和发展中国家的话语权，是推进全球治理体系朝着更加公正合理方向发展的重大突破。

"一带一路"倡议涵盖了发展中国家与发达国家，实现了"南南合作"与"南北合作"的统一，有助于推动全球均衡可持续发展。"一带一路"建设以基础设施建设为着眼点，促进经济要素有序自由流动，推动中国与相关国家的宏观政策的对接与协调。对于参与"一带一路"建设的发展中国家来说，这是一次搭中国经济发展"快车""便车"，实现自身工业化、现代化的历史性机遇，有利于推动"南南合作"的广泛展开，同时也有助于增进"南北对话"，促进"南北合作"的深度发展。不仅如此，"一带一路"倡议的理念和方向同联合国《2030年可持续发展议程》也高度契合，完全能够加强对接，实现相互促进。联合国秘书长古特雷斯表示，"一带一路"倡议与《2030年可持续发展议程》都以可持续发展为目标，都试图提供机会、全球公共产品和双赢合作，都致力于深化国家和区域间的联系。

二、深入推动"一带一路"国家的教育交流

2020年6月印发的《教育部等八部门关于加快和扩大新时代教育对外开放的意见》指出,教育对外开放是教育现代化的鲜明特征和重要推动力,要以习近平新时代中国特色社会主义思想为指导,坚持教育对外开放不动摇,主动加强同世界各国的互鉴、互容、互通,形成更全方位、更宽领域、更多层次、更加主动的教育对外开放局面。

教育为国家富强、民族繁荣、人民幸福之本,在共建"一带一路"中具有基础性和先导性作用。教育交流为各国民心相通架设桥梁,人才培养为各国政策沟通、设施联通、贸易畅通、资金融通提供支撑。各国间教育交流源远流长,教育合作前景广阔,大家携手发展教育,合力共建"一带一路",是造福各国人民的伟大事业。推进"一带一路"国家教育共同繁荣,既是加强与各国教育互利合作的需要,也是推进中国教育改革发展的需要,中国愿意在力所能及的范围内承担更多责任和义务,为区域教育大发展做出更大的贡献。

(一)教育合作的原则

"一带一路"国家教育合作应遵循四个重要原则。

一是育人为本,人文先行。加强合作育人,提高区域人口素质,为共建"一带一路"提供人才支撑。坚持人文交流先行,建立区域人文交流机制,搭建民心相通桥梁。

二是政府引导,民间主体。政府加强沟通协调,整合多种资源,引导教育融合发展。发挥学校、企业及其他社会力量的主体作用,活跃教育合作局面,丰富教育交流内涵。

三是共商共建,开放合作。坚持共商、共建、共享,推进各国教育发

展规划相互衔接，实现各国教育融通发展、互动发展。

四是和谐包容，互利共赢。加强不同文明之间的对话，寻求教育发展最佳契合点和教育合作最大公约数，促进各国在教育领域互利互惠。

（二）教育合作的重点

"一带一路"各国教育特色鲜明、资源丰富、互补性强、合作空间巨大。中国将以基础性、支撑性、引领性三方面举措为建议框架，开展三方面重点合作，对接各国意愿，互鉴先进教育经验，共享优质教育资源，全面推动各国教育提速发展。

1. 开展教育互联互通合作

一是加强教育政策沟通。开展"一带一路"国家教育法律、政策协同研究，构建各国教育政策信息交流通报机制，为各国政府推进教育政策互通提供决策建议，为各国学校和社会力量开展教育合作交流提供政策咨询。积极签署双边、多边和次区域教育合作框架协议，制定各国教育合作交流国际公约，逐步疏通教育合作交流政策性瓶颈，实现学分互认、学位互授联授，协力推进教育共同体建设。

二是助力教育合作渠道畅通。推进"一带一路"国家间签证便利化，扩大教育领域合作交流，形成往来频繁、合作众多、交流活跃、关系密切的携手发展局面。鼓励有合作基础、相同研究课题和发展目标的学校缔结姊妹关系，逐步深化和拓展教育合作交流。举办校长论坛，推进学校间开展多层次、多领域的务实合作。支持高等学校依托优势学科和专业，建立"产学研用"相结合的国际合作联合实验室（研究中心）、国际技术转移中心，共同应对各国在经济发展、资源利用、生态保护等方面面临的重大挑战与机遇。打造"一带一路"国家学术交流平台，吸引各国专家学者、青年学生开展研究和学术交流。推进"一带一路"国家优质教育资源共享。

三是促进语言互通。研究构建语言互通协调机制，共同开发语言互通开放课程，逐步将国家语言课程纳入各国的学校教育课程体系。拓展政府间语言学习交换项目，联合培养、相互培养高层次语言人才。发挥外国语院校人才培养优势，推进基础教育多语种师资队伍建设和外语教育教学工作。扩大语言学习国家公派留学人员规模，倡导各国与中国院校合作在华开办本国语言专业。支持更多社会力量助力孔子学院和孔子课堂建设，加强汉语教师和汉语教学志愿者队伍建设，全力满足不同国家的汉语学习需求。

四是推进民心相通。鼓励学者开展或合作开展中国课题研究，增进各国对中国发展模式、国家政策、教育文化等各方面的理解。建设国别和区域研究基地，与对象国合作开展经济、政治、教育、文化等领域研究。逐步将理解教育课程、丝路文化遗产保护纳入各国中小学教育课程体系，加强青少年对不同国家文化的理解。加强"丝绸之路"青少年交流，注重通过志愿服务、文化体验、体育竞赛、创新创业活动和新媒体社交等途径，增进不同国家青少年对其他国家文化的理解。

五是推动学历学位认证标准联通。推动落实联合国教科文组织《亚太地区承认高等教育资历公约》，支持联合国教科文组织建立世界范围学历互认机制，实现区域内双边、多边学历学位关联互认。呼吁各国完善教育质量保障体系和认证机制，加快推进本国教育资历框架开发，助力各国学习者在不同种类和不同阶段教育之间进行转换，促进终身学习社会的建设。共商、共建区域性职业教育资历框架，逐步实现就业市场的从业标准一体化。探索建立各国教师专业发展标准，促进教师流动。

2．开展人才培养培训合作

一是实施"丝绸之路"留学推进计划。设立"丝绸之路"中国政府奖学金，为各国专项培养行业领军人才和优秀技能人才。全面提升来华留学人才培养质量，把中国打造成为深受各国学子欢迎的留学目的地。以国家公派留学为引领，推动更多中国学生到"一带一路"其他国家留学。坚持"出国留学和来华留学并重、公费留学和自费留学并重、扩大规模和提高质量并重、依法管理和完善服务并重、人才培养和发挥作用并重"，完善全链条的留学人员管理服务体系，保障平安留学、健康留学、成功留学。

二是实施"丝绸之路"合作办学推进计划。有条件的中国高等学校开展境外办学要集中优势学科，选好合作契合点，做好前期论证工作，构建科学的人才培养模式、运行管理模式、服务当地模式、公共关系模式，使学校顺利落地生根、开花结果。发挥政府引领、行业主导作用，促进高等学校、职业院校与行业企业深度产教融合。鼓励中国优质职业教育配合高铁、电信运营等行业企业"走出去"，探索开展多种形式的境外合作办学，合作设立职业院校、培训中心，合作开发教学资源和项目，开展多层次职业教育和培训，培养当地急需的各类"一带一路"建设者。整合资源，积极推进与各国在青年就业培训等共同关心领域的务实合作。倡议国家之间开展高水平合作办学。

三是实施"丝绸之路"师资培训推进计划。开展"丝绸之路"教师培训，加强先进教育经验交流，提升区域教育质量。加强"丝绸之路"教师交流，推动各国校长交流访问、教师及管理人员交流研修，推进优质教育模式在各国的互学互鉴。大力推进各国优质教学仪器设备、教材课件和整体教学解决方案的输出，跟进教师培训工作，促进各国教育资源和教学水平均衡发展。

四是实施"丝绸之路"人才联合培养推进计划。推进国家间的研修访学活动。鼓励各国高等院校在语言、交通运输、建筑、医学、能源、环境工程、水利工程、生物科学、海洋科学、生态保护、文化遗产保护等国家发展急需的专业领域联合培养学生，推动联盟内或校际教育资源共享。

3．共建丝路合作机制

一是加强"丝绸之路"人文交流高层磋商。开展国家间的双边、多边人文交流高层磋商，商定"一带一路"教育合作交流总体布局，协调推动各国建立教育双边和多边合作机制、教育质量保障协作机制和跨境教育市场监管协作机制，统筹推进"一带一路"教育共同行动。

二是充分发挥国际合作平台作用。发挥上海合作组织、东亚峰会、亚太经合组织、亚欧会议、亚洲相互协作与信任措施会议、中阿合作论坛、东南亚教育部长组织、中非合作论坛、中巴经济走廊、孟中印缅经济走廊、中蒙俄经济走廊等现有双边、多边合作机制的作用，增加教育合作的新内涵。借助联合国教科文组织等国际组织力量，推动各国围绕实现世界教育发展目标形成协作机制。充分利用中国–东盟教育交流周、中日韩大学交流合作促进委员会、中阿大学校长论坛、中非高校20+20合作计划、中日大学校长论坛、中韩大学校长论坛、中俄综合性大学联盟等已有平台，开展务实的教育合作交流。支持在共同区域、有合作基础、具备相同专业背景的学校组建联盟，不断延展教育务实合作平台。

三是实施"丝绸之路"教育援助计划。发挥教育援助在"一带一路"教育共同行动中的重要作用，逐步加大教育援助力度，重点投资于人、援助于人、惠及于人。发挥教育援助在"南南合作"中的重要作用，加大对相关国家尤其是最不发达国家的支持力度。统筹利用国家、教育系统和民间资源，为相关国家培养培训教师、学者和各类技能人才。积极开展优质教学仪器设备、整体教学方案、配套师资培训一体化援助。加强中国教育培训中心和教育援外基地建设。倡议各国建立政府引导、社会参与的多元化经费筹措机制，通过国家资助、社会融资、民间捐赠等渠道，拓宽教育经费来源，做大教育援助格局，实现教育共同发展。

三、精心组织"一带一路"国家文化教育大系的编著出版

在编写"一带一路"国家文化教育大系过程中，应当全面了解国内外对"一带一路"倡议的响应情况，关注进展，总结做法；应当在新冠肺炎疫情得到控制后到对象国去走一走，看一看，实地感受其教育情况和发展变化；应当广泛收集对象国一手资料，认真阅读，消化分析，吐故纳新；应当多方检索专家学者已经开展的相关研究，虚心参阅已有的研究成果。肆虐全球的新冠肺炎疫情，给人类身体健康和生命安全带来了巨大威胁，对世界格局和世界治理体系产生了重大影响，给全球各行各业带来了巨大挑战。教育置身其间，影响十分明显。因而，对"一带一路"国家文化教育进行研究时，必须观察分析疫情对相关国家文化教育和全球教育治理的深刻影响。

"一带一路"倡议提出后，中外已形成多个"一带一路"多边大学联盟。2015年5月22日，由西安交通大学发起的新丝绸之路大学联盟成立，迄今已吸引38个国家和地区的150余所大学加盟。该联盟是海内外大学结成的非政府、非营利性的开放性、国际化高等教育合作平台，以"共建教育合作平台，推进区域开放发展"为主题，推动"新丝绸之路经济带"国家和地区大学之间在校际交流、人才培养、科研合作、文化沟通、政策研究、医疗服务等方面的交流与合作，增进青少年之间的了解和友谊，培养具有国际视野的高素质、复合型人才，服务"新丝绸之路经济带"及欧亚地区的发展建设。

2015年10月17日，丝绸之路（敦煌）国际文化博览会筹委会文化传承创新高端学术研讨会在敦煌举行。中国的复旦大学、北京师范大学、兰州大

学和俄罗斯乌拉尔国立经济大学、韩国釜庆大学等 46 所中外高校在甘肃敦煌成立了"一带一路"高校战略联盟,以探索跨国培养与跨境流动的人才培养新机制,培养具有国际视野的高素质人才。46 所高校当日达成《敦煌共识》,联合建设"一带一路"高校国际联盟智库。联盟将共同打造"一带一路"高等教育共同体,推动"一带一路"国家和地区大学之间在教育、科技、文化等领域的全面交流与合作,服务"一带一路"国家和地区的经济社会发展。

2016 年 9 月,中国、中亚及丝绸之路经济带沿线 7 个国家的 51 所高校共同发起成立了中国-中亚国家大学联盟,旨在打造开放性、国际化互动平台,深化"一带一路"科教合作。

此外,高等教育合作研讨会也日渐增多,既有官方推动形成的研讨会,也有民间自发举办的研讨会。比如,中外大学校长论坛、新加坡-中国-印度高等教育论坛、"一带一路"教育对话论坛,以及北京师范大学举办的"一带一路"国家教育交流与合作高端研讨会,北京外国语大学举办的"一带一路"与行业国际化人才培养高峰论坛,北京理工大学主办的"一带一路"高等教育研究国际会议,浙江大学举办的"一带一路"背景下的工程科技人才培养国际研讨会等。这些多边研讨会的召开,不仅吸引了大量"一带一路"共建国家的教育研究者与实践者参会,推动了研究与实践合作,而且创新了教育合作模式,促进了国际化高端人才培养,为"一带一路"建设奠定了民意基础。

"一带一路"倡议提出之后,中国学术界迅速开展了关于"一带一路"的研究活动,有关"一带一路"主题的图书主要有以下五类。第一类是倡议解读类图书,一般是梳理"一带一路"倡议的提出、发展及其理论内涵与外延。第二类是经济贸易类图书,专业性较强,主要为理论研究型图书。第三类是国情文史类图书,多为介绍"一带一路"国家国情概览、历史情况、发展概况的工具书,语言平实,部分图书学术性较强。第四类是丝路历史类图书,一般回顾古代丝绸之路的形成与发展、丝绸之路上的人物和大事记等，追古溯源，以便更好地开启"一带一路"新篇章。第五类是法律税收类图书，多为法律指引、税务规范手册等。

可以看出，国内对"一带一路"国家的研究已有一定基础，但是囿于语言翻译的障碍，已经出版的"一带一路"图书，大多是政策解读、数据报告、概况介绍等，对对象国的研究广度和深度还很不够，尤其是针对"一带一路"国家文化教育的系统研究还比较少。

在"一带一路"国家中，遴选具有代表性的对象，对其文化、教育进行系统性的研究，并在此基础上编写"一带一路"国家文化教育大系，分期分批出版，对于帮助中国普通读者和研究人员了解"一带一路"国家的文化教育情况，以及对于拓展我国比较教育研究领域、丰富比较教育研究文献，乃至对于促进中外文明互通、更好地参与推进"一带一路"建设，都具有重要意义。基于对选题背景与意义、相关出版产品调研和北京外国语大学比较优势的分析，"一带一路"国家文化教育大系坚持学术性、可读性兼顾原则，分批次推出，不断积累，以形成规模和品牌。

大系在内容上，一方面呈现"一带一路"国家的文化概貌，展示"一带一路"国家教育发展的文化背景和社会依托。大系采用专题形式，力求用简洁平实的语言生动活泼地介绍"一带一路"国家的自然地理、人文景观、历史发展、风土人情、文化遗产等内容，重点呈现对象国独有的文化现象和独特风貌，集中揭示其民族文化内涵、民族精神、人文意蕴。另一方面，大系重点研究、评价、介绍"一带一路"国家教育的基本情况、发展历史、发展战略、政策法规、现存体系、治理模式与师资队伍等，这方面内容占较大篇幅，是全书的重点和主要内容。

"一带一路"倡议正在成为我国参与全球开放合作、改善全球治理体系、促进全球共同发展繁荣、推动构建人类命运共同体的中国方案。作为国家社会科学基金重大项目"'一带一路'沿线国家文化教育发展状况调查研究"的部分研究成果和北京外国语大学"双一流"建设重大标志性成果，

"一带一路"国家文化教育大系已在2021年中国共产党建党100周年和北京外国语大学建校80周年之际推出首批图书，在2023年"一带一路"倡议提出10周年时推出该项目二期成果。同时积极参与党和国家相关主题纪念活动，以及国家重大图书项目的申报评选工作。

北京外国语大学以外语见长，国际交往活跃，被誉为"共和国外交官的摇篮"，先后培养了400多位大使、2 000多位参赞，以及更多的外交外事外贸工作者。凡是有五星红旗飘扬的地方，都能看到北外人的身影。北外不仅承担着培养各类国际化人才的任务，更担负着向中国介绍世界、向世界介绍中国的历史使命。迄今为止，北外已获批开设101种外国语言，成立了37个区域与国别研究中心，丰富的涉外资源正在助力"一带一路"国家的研究。

大系由外研社具体组织实施。外研社隶属北外，多年来致力于"一带一路"国家的合作交流，服务讲好"中国故事"，在中华思想文化传播、打造中外出版联盟、推动中外学术互译等方面积累了丰富经验，对于协助研究、编著、出版"一带一路"国家文化教育大系具有良好的工作基础。这也是北外及外研社的使命和担当之所在。

大系编著者以北外教师为主。服务国家重大战略，北外人责无旁贷。同时，国内有研究专长和研究意愿的专家学者也踊跃参与，他们或独自撰著一书，或与北外同仁合作。大系还邀请了驻外使领馆的同志和对象国的学者参加撰写或审稿，他们运用一手资料，开展实地调研，力图提升大系的准确性。

四、结语

"一带一路"倡议植根历史，更面向未来；源于中国，更属于世界。"一带一路"作为文明互鉴的桥梁，从亚欧大陆延伸到非洲、美洲、大洋洲，与世界各国发展战略及众多国际和地区组织的发展实现对接联通，在通路、通航的基础上更好地通商，进而开展文化教育交流与沟通，加强商品、资金、技术、文化、教育流通，达成互学互鉴的文明愿景。"一带一路"倡议的目标是中国与"一带一路"国家在互联互通基础上分享优质产能，共商项目投资，共建基础设施，共享合作成果，内容包括政策沟通、设施联通、贸易畅通、资金融通、民心相通"五通"。"一带一路"倡议肩负重大使命，它要探寻经济增长之道，将中国自身的产能优势、技术与资金优势、经验与模式优势转化为市场与合作优势，实行全方位开放，共享中国改革发展红利；它要实现全球化再平衡，鼓励向西开放，带动西部开发以及中亚、蒙古等内陆国家和地区的开发，在国际社会推行全球化的包容性发展理念，主动向西推广中国优质产能和比较优势产业，惠及沿途、沿岸国家，避免西方国家所开创的全球化造成的贫富差距和地区发展不平衡情况，推动建立持久和平、普遍安全、共同繁荣的和谐世界；它要开创地区新型合作，强调共商、共建、共享原则，超越了马歇尔计划和传统的对外援助活动，给 21 世纪的国际合作带来了新的理念。所以，新时代中国的教育学者应当将"一带一路"国家文化教育研究作为比较教育新的增长点，全面深入开展研究，以自己的聪明才智丰富学术，为国出力，服务国家重大发展战略；在加强与"一带一路"国家的交流合作中，推动"一带一路"建设高质量发展，努力建设高质量的中国教育体系，并积极参与新时代全球教育治理体系改革，加快构建以国内大循环为主体、国内国际双循环相互促进的新发展格局。

2024 年 9 月
于北京外国语大学

（王定华，北京外国语大学党委书记、博士、教授、博士生导师，国家督学。历任河南大学教师、中国驻纽约总领事馆教育领事、教育部基础教育一司司长、教育部教师工作司司长等。）

本书前言

科特迪瓦位于西非，是撒哈拉以南非洲的重要国家之一，也是中国与非洲合作的主要对象国之一。独立后，科特迪瓦重视探索独立自主的发展道路，提升教育水平、加强人才队伍建设成为本国发展的首要任务之一。科特迪瓦当前的教育制度仍保留浓厚的法式特点，学制、办学理念、教学模式均与法国类似。

1983年中国与科特迪瓦正式建交以来，两国关系稳步发展。近年来，在"一带一路"倡议框架和中非人类命运共同体的框架下，两国双边关系不断深化，在政治、经济、文化等多个领域展开了广泛合作，尤其是在基础设施建设、农业、能源等领域取得了丰硕成果。

目前国内对于西非国家的研究多将"西非经济共同体"作为研究对象，较少针对西非某一个国家进行纵深研究。国内针对科特迪瓦的国别研究更多从经济和中科合作角度进行，较少关注该国的教育与文化领域。因此本书希望能够丰富、完善西非地区的国别研究。

本书共分为十二章。第一章国情概览主要介绍了科特迪瓦的自然地理、国家制度和社会生活。第二章文化传统概括了该国殖民时期和独立时期的历史沿革、风土人情与文化名人，有助于读者全面了解科特迪瓦的历史文化概貌。第三章介绍了殖民前科特迪瓦的传统教育、法国殖民时期的教育和独立后的教育历史，总结了不同历史阶段科特迪瓦教育体制的特点，并列举了部分教育名家。第四章至第九章分别论述了科特迪瓦的学前教育、基础教育、高等教育、职业教育、成人教育和教师教育的发展和现状、特点和经验以及面临的挑战和采取的对策。第十章分析了科特迪瓦的教育政策与规划，分析了教育政策的挑战与实施路径，以及对于其他国家的经验与启示。第十一章从中央教育行政、地方教育行政和机构教育行政三个方面分析了科特迪瓦教育行政的划分和管理，面对的挑战以及应对策略。第十二章讨论了中国与科特迪瓦的教育交流历史、模式，并通过具体案例总结了两国教育合作的特点并展望未来的发展方向。通过以上十二章的梳理、分析、论述，本书希望能够让读者对科特迪瓦的教育能够有更全面、系统、深入的了解和认识。

本书综合考虑两位作者的学术兴趣以及编写体量，做出如下写作分工：前言、第二章、第三章、第四章、第七章、第八章、第九章、第十二章由武亦文撰写，第一章、第五章、第六章、第十章、第十一章和参考文献由齐政文撰写。衷心感谢北京外国语大学党委书记、"一带一路"国家文化教育大系总主编王定华教授，外语教学与研究出版社刘捷总编辑和孙凤兰编审、巢小倩副编审、赵雪老师的热心鼓励和悉心指导。本书的撰写得到了北京外国语大学法语语言文化学院王鲲副院长、张敏副教授和非洲学院院长李洪峰教授的支持，他们为本书写作提供了专业指导。感谢在科特迪瓦工作的同学、北京外国语大学国际组织学院 2017 届毕业生王亦杰及北京外国语大学法语学院 2015 届毕业生邓越提供的一手资料，感谢科特迪瓦布瓦凯大学的 Saman Ange-Michel Gougou 博士等人提供的照片资料以及对科特迪瓦相关教育情况的介绍。

科特迪瓦文化教育专题研究尚处起步阶段，书中难免有错漏和不足之处。本书仅是抛砖引玉，敬请批评指正。

武亦文　齐政文

2024 年 10 月于西安外国语大学欧洲学院

目 录

第一章 国情概览 ... 1
第一节 自然地理 ... 1
一、地形地貌 ... 1
二、气候水文 ... 2
三、自然资源 ... 3
四、自然遗产 ... 3
第二节 国家制度 ... 4
一、国家标识 ... 4
二、行政区划 ... 6
三、基本制度 ... 8
第三节 社会生活 ... 11
一、社会文化 ... 11
二、经济生活 ... 15

第二章 文化传统 ... 19
第一节 历史沿革 ... 19
一、殖民时期 ... 19
二、独立时期 ... 21
第二节 风土人情 ... 22
一、饮食习惯 ... 22
二、民族服饰 ... 22
三、礼仪风俗 ... 23
四、婚姻家庭 ... 23
五、丧葬习俗 ... 24

　　　　六、传统节日 ………………………………… 25
　　　　七、舞蹈 ……………………………………… 27
　　　　八、名胜古迹 ………………………………… 28
　　第三节 文化名人 …………………………………… 29
　　　　一、贝尔纳·达迪耶 ………………………… 29
　　　　二、阿马杜·库鲁马 ………………………… 29
　　　　三、亨利·科南·贝迪埃 …………………… 30

第三章 教育历史 …………………………………………… 31
　　第一节 历史沿革 …………………………………… 31
　　　　一、殖民前的教育 …………………………… 31
　　　　二、殖民时期的教育 ………………………… 33
　　　　三、独立后的教育 …………………………… 34
　　第二节 教育名家 …………………………………… 35
　　　　一、费利克斯·乌弗埃-博瓦尼 …………… 35
　　　　二、阿拉萨内·德拉马内·瓦塔拉 ………… 36
　　　　三、莎拉·阿迪科 …………………………… 37

第四章 学前教育 …………………………………………… 38
　　第一节 学前教育的发展和现状 …………………… 38
　　　　一、学前教育的发展 ………………………… 38
　　　　二、学前教育的现状 ………………………… 40
　　第二节 学前教育的特点和经验 …………………… 44
　　　　一、学前教育的特点 ………………………… 44
　　　　二、学前教育的经验 ………………………… 46

第三节 学前教育的挑战和对策 ·············· 48
一、学前教育的挑战 ····················· 48
二、学前教育的对策 ····················· 50

第五章 基础教育 ························· 54
第一节 基础教育的发展和现状 ·············· 54
一、基础教育的发展 ····················· 54
二、基础教育的现状 ····················· 55
第二节 基础教育的特点和经验 ·············· 63
一、基础教育的特点 ····················· 63
二、基础教育的经验 ····················· 64
第三节 基础教育的挑战和对策 ·············· 66
一、基础教育的挑战 ····················· 66
二、基础教育的对策 ····················· 70

第六章 高等教育 ························· 72
第一节 高等教育的发展和现状 ·············· 73
一、高等教育的发展 ····················· 73
二、高等教育的现状 ····················· 74
第二节 高等教育的特点和经验 ·············· 78
一、高等教育的特点 ····················· 78
二、高等教育的经验 ····················· 80
第三节 高等教育的挑战和对策 ·············· 81
一、高等教育的挑战 ····················· 81
二、高等教育的对策 ····················· 85

第七章 职业教育 ……87
第一节 职业教育的发展和现状 ……87
一、职业教育的发展 ……87
二、职业教育的现状 ……89
第二节 职业教育的特点和经验 ……94
一、职业教育的特点 ……94
二、职业教育的经验 ……95
第三节 职业教育的挑战和对策 ……97
一、职业教育的挑战 ……97
二、职业教育的对策 ……99

第八章 成人教育 ……102
第一节 成人教育的发展和现状 ……102
一、成人教育的发展 ……102
二、成人教育的现状 ……104
第二节 成人教育的特点和经验 ……106
一、成人教育的特点 ……106
二、成人教育的经验 ……107
第三节 成人教育的挑战和对策 ……109
一、成人教育的挑战 ……109
二、成人教育的对策 ……110

第九章 教师教育 ……112
第一节 教师教育的发展和现状 ……112
一、教师教育的发展 ……112
二、教师教育的现状 ……114

第二节 教师教育的特点和经验 ………………………… 122
  一、教师教育的特点 ………………………………… 122
  二、教师教育的经验 ………………………………… 126
第三节 教师教育的挑战和对策 ………………………… 128
  一、教师教育的挑战 ………………………………… 128
  二、教师教育的对策 ………………………………… 131

第十章 教育政策 …………………………………………… 134
第一节 政策与规划 ……………………………………… 134
  一、教育政策 ………………………………………… 134
  二、教育规划 ………………………………………… 136
第二节 挑战与实施路径 ………………………………… 139
  一、学前教育政策的挑战与实施路径 ……………… 139
  二、基础教育政策的挑战与实施路径 ……………… 141
  三、高等教育政策的挑战与实施路径 ……………… 145
  四、职业教育政策的挑战与实施路径 ……………… 147
第三节 经验与启示 ……………………………………… 149
  一、教育政策的经验 ………………………………… 149
  二、教育政策的启示 ………………………………… 151

第十一章 教育行政 ………………………………………… 153
第一节 中央教育行政 …………………………………… 154
  一、基础教育行政管理机构 ………………………… 154
  二、高等教育行政管理机构 ………………………… 157
  三、职业教育行政管理机构 ………………………… 159

第二节 地方教育行政 ································ 160
一、基础教育行政管理机构 ························· 161
二、职业教育行政管理机构 ························· 162

第三节 机构教育行政 ································ 163
一、基础教育行政管理机构 ························· 163
二、公立高等教育行政管理机构 ····················· 164
三、私立高等教育行政管理机构 ····················· 166

第四节 教育行政的挑战与对策 ······················ 167
一、教育行政的挑战 ······························· 167
二、教育行政的对策 ······························· 169

第十二章 中科教育交流 ······························ 171
第一节 教育交流历史 ································ 171
一、中科建交初期教育交流 ························· 171
二、进入 21 世纪以来中科教育交流 ················· 172

第二节 教育交流模式 ································ 175
一、设置奖学金 ··································· 176
二、设立交流机构 ································· 176

第三节 教育交流案例与思考 ·························· 178
一、教育交流案例 ································· 178
二、教育交流思考 ································· 181

参考文献 ·· 184

第一章 国情概览

科特迪瓦共和国，简称科特迪瓦，为西非国家，政治首都亚穆苏克罗，经济首都阿比让。科特迪瓦地貌多样，河流纵横，自然资源丰富。作为民主共和体制下的现代国家，科特迪瓦积极参与国际事务，推动区域稳定与发展，是联合国、世界贸易组织、不结盟运动、伊斯兰合作组织、法语国家组织、非洲联盟、西非国家经济共同体、西非经济货币联盟和马诺河联盟等国际组织成员国。社会文化层面，科特迪瓦汇聚了多元民族的精神与智慧，同时积极拥抱新时代的变化，展现出了独特魅力与蓬勃活力。

第一节 自然地理

一、地形地貌

科特迪瓦位于非洲大陆西部，北纬4°30′至10°30′，西经2°30′至8°30′，西与利比里亚和几内亚交界，北与马里和布基纳法索为邻，东与加纳相连，南濒几内亚湾，海岸线长约550千米。科特迪瓦国土形状略呈长方形，南北长约 600 千米，东西宽 500 多千米，面积约 32.2 万平方千米。[1]

科特迪瓦地形相对平坦，主要由平原和高原组成。西部多山区，与几内亚接壤的大片山脉海拔大多超过 1 000 米，最高海拔为 1 752 米的宁巴山脉。北部和中部为海拔 200—500 米的低高原，南部临海，由平原或台地组成。海滨由西向东地形多样，西部与利比里亚的交界处有一系列港湾，东部与加纳交界处的海滨则是大片沙滩形成的滨外洲。沿海分布着众多小的河流、堰塞湖、潟湖等，潟湖占海滨总面积的 60%。[2]

二、气候水文

科特迪瓦地处赤道附近，属于热带气候。全年各地日照均衡，大多数地区年平均温度 26—28℃，年平均温差和日平均温差较小，北纬 7°以南主要是热带雨林气候，年平均气温 25℃，北纬 7°以北则是热带草原气候，年平均气温略高于南部。根据降水量全年可分为四个季节。4 月至 7 月中旬为大雨季，7 月中旬至 9 月为小旱季，9 月至 11 月为小雨季，12 月至次年 3 月为大旱季。全国年均降水量约 1 348 毫米。[3]

科特迪瓦拥有丰富的水文地理资源。该国四大重要河流——邦达马河、科莫埃河、萨桑德拉河和卡瓦拉河——均自北向南注入几内亚湾，其中邦达马河是唯一一条全线都在科特迪瓦国境内的河流，全长 1 050 千米，流域面积 97 500 平方千米[4]。科特迪瓦拥有广阔的专属经济区，长达 200 海里。这为其海洋资源的开发提供了广阔空间。此外，潟湖水系达 1 200 平方千米，江

---

[1] 刘天南. 科特迪瓦 [M]. 北京：社会科学文献出版社，2020：17.
[2] 刘天南. 科特迪瓦 [M]. 北京：社会科学文献出版社，2020：17.
[3] Ministère de l'Économie et des Finances. La Côte d'Ivoire en chiffres[M]. Abijan: Dialogue Production, 2007: 13.
[4] 刘天南. 科特迪瓦 [M]. 北京：社会科学文献出版社，2020：16.

河湖泊1 760平方千米。[1] 这些丰富的水资源为科特迪瓦的渔业和水产养殖业提供了得天独厚的条件，同时也为水力发电和农业灌溉创造了良好的基础。

三、自然资源

科特迪瓦自然资源丰富，主要矿物资源有石油、天然气、铁、锰、镍、铀、钻石、黄金等。石油油田和天然气田主要分布在沿海几内亚湾，铁矿石开采区主要位于西部加奥山和宁巴山矿脉地区。

科特迪瓦森林资源丰富，曾经是非洲森林资源最丰富的国家之一，盛产非洲紫檀、桃花心木、非洲红花梨、鸡腰果树等珍贵树种。然而，由于过度采伐、农业种植、干旱和森林火灾等原因，科特迪瓦成为全球森林锐减速度最快的国家之一。世界银行数据显示，2021年科特迪瓦森林覆盖率仅为8.9%，许多珍贵树种已濒临绝迹。[2] 为此，科特迪瓦设立了众多国家公园和自然保护区来维持森林覆盖率，减缓珍稀树木、花种和动物种类的灭绝速度。

四、自然遗产

1981年1月9日，科特迪瓦正式成为联合国教科文组织世界遗产委员会成员。科特迪瓦的科莫埃国家公园、塔伊国家公园和宁巴山严格自然保

---

[1] 刘天南. 科特迪瓦[M]. 北京：社会科学文献出版社，2020：286.

[2] 商务部国际贸易经济合作研究院，中国驻科特迪瓦大使馆经商处，商务部对外投资和经济合作司. 对外投资合作国别（地区）指南——科特迪瓦（2021版）[Z]. 北京：商务部国际贸易经济合作研究院，中国驻科特迪瓦大使馆经商处，商务部对外投资和经济合作司，2022：3.

护区被列入《世界遗产名录》。[1]

科莫埃国家公园位于科特迪瓦东北部，是西非最大的保护区之一，植物种类极为丰富，还有尼罗鳄、非洲狭吻鳄、侏儒鳄等鳄鱼和众多迁徙鸟类，于1983年被列入联合国教科文组织《世界遗产名录》。

塔伊国家公园位于科特迪瓦西南部，是西非地区保留较为完整的热带雨林之一。该公园于1982年被列为世界自然遗产。塔伊国家公园以其生物多样性而闻名，拥有丰富的自然植物和濒危哺乳动物种类，其中倭河马、绿疣猴、豹、黑猩猩和珍氏遁羚被列入国际自然保护联盟的濒危物种红色名录。

宁巴山严格自然保护区是几内亚和科特迪瓦共有的一处严格自然保护区，位于科特迪瓦、几内亚和利比里亚边境。该保护区自1981年起被联合国教科文组织列为世界自然遗产。保护区内的特有物种超过200种，如豹属生物、果子狸、黑猩猩和鹿羚等。

第二节 国家制度

一、国家标识

（一）国旗与国徽

科特迪瓦国旗于1960年8月7日独立时被正式启用。科特迪瓦国旗为橙色、白色和绿色组成的三色旗，依次均匀竖行排列。橙色象征科特迪瓦

---

[1] 资料来源于联合国教科文组织官网，统计时间截至2021年。

北部的热带大草原，也象征国家的繁荣富强；白色象征对南、北方和平团结生活的希望；绿色代表南部地区的原始森林与丰富的自然资源，预示对美好未来的追求。

1960年2月8日第60-78号法令首次确立科特迪瓦共和国国徽。1964年6月26日第64-237号法令对国徽进行了修改，取消了原悬挂于中央盾徽顶部的九面科特迪瓦三色旗。新国徽中心图案为绿色盾徽，盾徽中央为一只非洲大象头部。盾徽上方是半轮正在升起的金色太阳，九束阳光闪耀金币之光。盾徽左右两侧各有一棵金色的棕榈树，徽章外缘金色的装饰带上刻着"科特迪瓦共和国"的法文字样。科特迪瓦国徽设计的灵感部分来自殖民时期的主要党派的标志元素。其中，大象是科特迪瓦国父费利克斯·乌弗埃-博瓦尼在独立初期创立的非洲民主联盟的党派象征，棕榈树是科特迪瓦进步党的党派标志。

（二）国歌与国家格言

《阿比让之歌》自1960年起成为科特迪瓦国歌，颂扬科特迪瓦的土地和人民，激励国民共同努力，建设团结友爱的国家。歌词由马修·埃克拉、约阿希姆·博内和皮埃尔·马利亚·科蒂共同创作，科蒂和皮埃尔·米歇尔·庞戈作曲。歌词翻译如下。

> 祝福你好客的国家，
> 祝福你那希望的大地；
> 你英勇善战的军旅，
> 恢复了你不朽的声誉。
> 最亲爱的科特迪瓦，
> 看你的儿女都是好样；

为你的荣誉而团结,

快乐地建设光荣国家。

科特迪瓦公民,请响应祖国的召唤,

如果我们曾经和平地赢得解放,

那么我们就有责任做个极好的榜样。

我们心中常以仁爱作为理想,

怀抱着新的信念团结在一起,

使祖国实现四海之内皆兄弟。

科特迪瓦的国家格言是"团结、纪律、劳动",体现出了科特迪瓦人民建设国家的共同理想和信念。团结代表着国民之间的和睦与合作,纪律强调了社会秩序和法治的重要性,而劳动则是国家发展和个人成功的关键。这些价值观构成了科特迪瓦国民身份和国家愿景的核心部分,引导着国家走向更加美好的未来。

二、行政区划

科特迪瓦行政区划分为行政自治区、大区、省、市镇四级,共有14个行政自治区、31个大区、111个省和201个市镇。[1] 其中行政自治区为一级行政区划,大区为二级行政区划,省为三级行政区划,市镇为四级行政区划。

亚穆苏克罗,俗称"亚克罗",位于该国中部的湖区,距阿比让248千米。1983年3月成为科特迪瓦的首都和国家行政中心。截至2024年,亚穆

---

[1] 数据来源于科特迪瓦安全与内政部官方门户网站。

苏克罗的人口数约 25.8 万人。[1]

阿比让是科特迪瓦的经济首都，位于大西洋沿岸，濒临几内亚湾，截至 2024 年，人口大约有 586 万，[2] 是科特迪瓦的最大城市，也是大部分国家机构和外国使团驻科机构的所在地。非洲发展银行、非洲粮食中心、联合国开发计划署、联合国粮农组织、联合国人口基金会、联合国难民事务高级专员办事处等国际机构均位于阿比让。阿比让也是西非地区的主要金融中心，众多银行在此设立驻非分支机构。阿比让拥有西非最重要的天然良港和集装箱码头，是非洲第二大港口，不仅是科特迪瓦的重要门户，也是布基纳法索、马里等西非内陆国家的主要出海口和进出口货物的集散地。阿比让机场是法语非洲国家占地面积最大的机场，非洲航空公司总部便设立于此。据科特迪瓦民航总局统计，有 20 多家航空公司经营 30 余条国际航线，2019 年运送旅客 227 万人次。[3]

科特迪瓦的城市化近年来发展较快，2023 年城市化程度达到 52.5%，超出撒哈拉以南非洲国家 40% 的平均水平。[4] 科特迪瓦十大人口城市为：阿比让、布瓦凯、科霍戈、达洛亚、阿尼亚马、圣佩德罗、亚穆苏克罗、迪沃、加尼奥阿和马恩。[5] 其中布瓦凯是中部地区的首府，全国第二大城市，汇集了中部地区的农产品加工和交易，是重要的经济与物资中转中心。圣佩德罗位于西南部，是全国第二大港口城市，居住着科特迪瓦的不同族裔。得益于重要的地理位置和当地经济贸易和加工工业的不断发展，圣佩德罗也吸引了来自周边加纳、利比里亚、塞拉利昂等国家的人口，成为国际移民聚集地。

---

[1] 数据来源于世界人口总览网。
[2] 数据来源于世界人口总览网。
[3] 中华人民共和国外交部. 科特迪瓦国家概况 [EB/OL].（2024-04-01）[2024-06-19]. https://www.mfa.gov.cn/web/gjhdq_676201/gj_676203/fz_677316/1206_677922/1206x0_677924/.
[4] 数据来源于联合国人类住区规划署《2023 年科特迪瓦国家报告》。
[5] 资料来源于科特迪瓦规划与发展部《2021 年人口和住房普查报告》。

三、基本制度

根据科特迪瓦宪法，科特迪瓦实行共和国总统制，行政、立法和司法三权分立。总统是国家元首，也是武装部队最高统帅，享有最高行政权力，由普选产生，任期 5 年，可连选连任一次。总理是政府首脑，由总统任命。政府各部委的部长也由总统任命、指定，总理及各部部长对总统负责。议会实行两院制，即国民议会和参议院，是科特迪瓦最高立法机构，每届任期 5 年。科特迪瓦司法机构主要包括初审法院、上诉法院、最高法院和特别最高法庭，各级法院设有相应的检察院或总检察院。[1]

（一）宪法

1959 年 3 月 26 日，科特迪瓦通过第一部宪法，确立科特迪瓦为独立共和国。第二部宪法于 1960 年 8 月 7 日通过，宣布科特迪瓦从 1960 年 11 月 3 日起进入第一共和国时期。2000 年通过科特迪瓦第三部宪法，这标志着科特迪瓦第二共和国成立。2016 年 11 月 8 日，全民公决通过第四部宪法，标志着科特迪瓦第三共和国的成立，并增设副总统职位，其选举与总统选举同时进行，副总统在总统职位空缺时代理执行总统权力。第四部宪法还增设了参议院，实行议会两院制，即国民议会和参议院。2020 年 3 月，科特迪瓦议会通过宪法修正案，决定副总统不再与国家元首同时选举，而是由总统提名、经议会同意任命。

---

[1] 中华人民共和国外交部. 科特迪瓦国家概况 [EB/OL].（2024-04-01）[2024-06-19]. https://www.mfa.gov.cn/web/gjhdq_676201/gj_676203/fz_677316/1206_677922/1206x0_677924/.

（二）国家机构

议会是科特迪瓦国家最高立法机构，肩负着制定、表决通过法律并核准税收政策的职责。每届议会任期为 5 年。国民议会议员由民众直接选举产生；三分之二的参议院议员由间接普选产生，三分之一由总统从在政治、行政、经济、科学、文化和体育等领域中具有名望的人员中选定，以保证地方政府和海外公民的参与和代表性。2021 年 3 月，科特迪瓦通过选举产生新一届国民议会。在 255 个议席中，执政党统一党占 137 席，反对派共占 91 席（其中民主党 63 席，人民阵线 2 席，其他反对党 26 席），独立候选人 26 席，空缺 1 席。

科特迪瓦司法机构主要包括初审法院、上诉法院、最高法院和特别最高法庭。初审法院是科特迪瓦司法体系中的基层司法机构，分布在全国各地，直接面对公众，初审刑事、民事和行政案件。上诉法院是科特迪瓦二级司法机构，有权审理个人对初审法院一审判决提出的上诉。最高法院是科特迪瓦司法体系中最高级别法院，下设司法庭和行政庭。司法庭负责审理针对下级法院判决提出的司法审查申请和法律问题上诉，并对其合法性进行审查。行政庭负责审理由公共行政部门做出的决策所引起的争议或涉及公务员以及政府相关单位的案件。特别最高法庭由国民议会议员组成，由最高法院院长主持，对总统、副总统和政府成员犯下的罪行和不端行为拥有管辖权。

（三）政党

1990 年 4 月，科特迪瓦宣布实行多党制，现有 150 多个合法政党，主要政党如下。

科特迪瓦统一党，即"争取民主与和平乌弗埃主义者联盟"，是现任执政党。其前身是以共和人士联盟为主体的政党联盟。该党的目标是重建团结，服务国家建设，促进政治稳定、经济发展和社会和谐，实现国家繁荣。2018年7月，统一党召开成立大会，正式更名为"争取民主与和平乌弗埃主义者联盟"。

科特迪瓦民主党为反对党，于1946年4月30日成立，是科特迪瓦最早的政党之一。科特迪瓦民主党在以阿肯族为主的中东部地区，特别是在亚穆苏克罗和布瓦凯市，具有较大影响力。该党的口号是"和平、自由、务实、开放和对话"，主张通过"对话"和"和解"实现国内民族团结，通过"对话"和"和平"在正义基础上建立国际政治经济新秩序。该党曾在1960年科特迪瓦独立后至1999年年底执政。

科特迪瓦人民阵线，简称人阵，是主要反对党。1983年3月在法国成立，骨干力量为知识分子和青年学生。1999年12月科特迪瓦军事政变后，人民阵线参与过渡政府。2000年10月，人民阵线候选人巴博在大选中获胜后上台执政。科特迪瓦人民阵线在克鲁族为主的中西部地区及经济首都阿比让影响较大。该党主张平等、自由、公正和多党民主，将建立人人平等的民主制度、实行社会主义作为奋斗目标。

科特迪瓦其他政党还有科特迪瓦民主爱国联盟、公民民主联盟、社会民主党等。[1]

---

[1] 中华人民共和国外交部. 科特迪瓦国家概况 [EB/OL].（2024-07-01）[2024-09-10]. https://www.mfa.gov.cn/web/gjhdq_676201/gj_676203/fz_677316/1206_677922/1206x0_677924/.

第三节 社会生活

一、社会文化

（一）人口、民族与宗教

根据2022年10月科特迪瓦规划与发展部颁布的人口普查数据，2021年，科特迪瓦总人口约为2 939万。[1] 科特迪瓦人口分布不均，平均人口密度约为91人/平方千米，北边稀疏，南边稠密，如东北部邦卡尼区人口密度为19人/平方千米，而南部的阿比让自治区则达到了2 944人/平方千米，占据科特迪瓦总人口的21.5%。[2]

从人口结构看，男性占比较高，2021年占总人口的52.1%。科特迪瓦整体人口较为年轻，15岁以下人口占38.2%，15—64岁人口占人口总数的59.2%，但近年来人口出生率有所下降。[3] 科特迪瓦是西非重要的移民国家，一直吸引着来自布基纳法索、加纳、几内亚、马里和利比里亚等国的移民，也有来自欧洲、美国和西亚中东地区的侨民。根据2021年的人口普查数据，科特迪瓦外国侨民人口数约为646万。[4]

科特迪瓦以多民族、多语言著称。全国共有69个民族，分为阿肯族系、曼迪族系、沃尔特族系和克鲁族系四大族系。[5] 阿肯族系主要分布在3个地区。与加纳交界地区的是阿尼族，中部地区是鲍勒族，潟湖地区是阿布雷族、埃布里埃族和阿居克鲁族。阿肯族系是母系氏族，方言及社会组织形

---

[1] 数据来源于科特迪瓦规划与发展部《2021年人口和住房普查报告》。
[2] 数据来源于科特迪瓦规划与发展部《2021年人口和住房普查报告》。
[3] 数据来源于科特迪瓦规划与发展部《2021年人口和住房普查报告》。
[4] 数据来源于科特迪瓦规划与发展部《2021年人口和住房普查报告》。
[5] 刘天南. 科特迪瓦[M]. 北京：社会科学文献出版社，2020：286.

式多样，社会等级森严。曼迪族系主要分布于中西部和西北部，包括马林克族、迪乌拉族、班族、当族和图拉族等。其中生活在科特迪瓦北部的马林克族主要信奉伊斯兰教，也有部分村落的马林克人信奉拜物教。南部的迪乌拉族、班族、当族、图拉族等民族则信奉面具文化。沃尔特族系，也称古尔族系，主要分布在科特迪瓦北部和东北部地区，塞努福族是该族群中最重要的民族，也是科特迪瓦最古老的民族之一。克鲁族系集中在中南和西南部，其中最主要的民族是贝特族、盖雷族和迪达族。

科特迪瓦各民族都有自己的语言。在漫长的历史发展过程中，各族群的人口迁移和融合促进了语言的融合和新语言的出现。根据世界语言数据库的报告，科特迪瓦的语言数量多达88个。使用人数在100万人以上的有鲍勒语、迪乌拉语、阿尼语和莫西语。作为第一语言、使用人数在10万人以上的有25种语言，如塞努福语、豪萨语、贝特语、古罗语等。有部分语言使用人数趋少，处于濒危状态。目前，法语是科特迪瓦的唯一官方语言。2022年，科特迪瓦使用法语的人口约为932.5万，约占科特迪瓦人口总数的34%。[1] 除法语外，科特迪瓦大部分地区通用无文字的迪乌拉语，这是全国通行的商贸交流用语。

科特迪瓦人的宗教信仰主要包括伊斯兰教和基督教，其中基督教内部又分为天主教和新教等多个教派。根据2021年人口普查统计结果，居住在科特迪瓦的本国人和外国人中，42.5%信奉伊斯兰教，37%信奉基督教，12.6%无宗教信仰，其余信奉泛灵论和其他原始宗教。[2]

（二）医疗

科特迪瓦独立后，在原有殖民时期医疗条件的基础上，开始进行医疗

---

[1] 数据来源于法语国家及地区国际组织官网。
[2] 数据来源于科特迪瓦规划与发展部《2021年人口和住房普查报告》。

基础设施建设，培养医护人员。自1994年起，科特迪瓦开始实施医疗分区分级制度，建立了现代医疗机构体系，涵盖医疗卫生管理和医疗服务两大分支机构。卫生管理机构包括位于上层的国家卫生部及附属行政管理机构，位于中层的大区医疗管理部门和位于基层的一级医疗管理部门。医疗服务机构分为初级卫生保健院、初级综合医院、大区医疗中心以及全国性综合医学院和专科医学院。[1]此外，还有牙科诊所、护理中心及配药房等私立医疗服务机构。2021年，科特迪瓦全国有2 490所公立初级卫生保健院，102所综合医院，20所大区医疗中心，4所全国性综合医学院和5所专科医学院，病床数达6 619张。[2]与此同时，还有共3 054家私立医疗服务机构，1 250家私营药房以及10家药品生产厂。[3]

2018年，科特迪瓦政府公共预算中用于医疗卫生的比例为5.43%，这一数字预计在2025年会增长至10%。科特迪瓦政府力争将科特迪瓦建设成为西非次区域的医疗卫生服务中心，并从2018年开始投入近8 500亿西非法郎新建20家医院、改建翻新22家医院及数百个初级卫生保健院。[4]2021—2022年已有3所大区医疗中心建成并投入使用，共增加医疗床位500余张，4所医院改建翻新工作完成后还将增加540余张床位。[5]科特迪瓦政府计划在2025年前将每万名居民拥有初级卫生保健院的比例由2019年的1.05所升至2所，将距离初级卫生保健院5千米以内的人口比例由2018年的67%升至90%，同时将医疗服务的使用率由2019年的49.5%升至65.8%。[6]

2019年10月1日起，科特迪瓦正式面向所有在科特迪瓦的居住人口实

---

[1] 刘天南. 科特迪瓦[M]. 北京：社会科学文献出版社，2020：175-177.
[2] 数据来源于科特迪瓦规划与发展部官网。
[3] 数据来源于科特迪瓦规划与发展部官网。
[4] 数据来源于科特迪瓦政府官网。
[5] 数据来源于科特迪瓦政府官网。
[6] 数据来源于科特迪瓦政府官网。

施全民医疗保险制度，分为缴费型的基础普通计划和非缴费型的医疗援助计划两类。基础普通计划要求每人每月缴费 1 000 西非法郎，医疗援助计划则为无法享受医疗服务的贫困家庭和个人提供服务。[1] 根据科特迪瓦就业和社会保障部的数据，截至 2023 年 4 月，已有 4 020 411 人参保。2023 年 6 月，在全民医疗保险制度下提供服务的医疗机构已达 1 349 家，较 2019 年 10 月的 725 家有大幅提高。[2] 2021 年年末，约 216 000 人接受了医疗援助计划的服务。预计在 2025 年年末，医疗援助计划将覆盖 250 万人[3]。

总体来看，科特迪瓦的医疗服务在非洲大陆地区处于中等水平。然而，在加强医疗基础设施建设、加大公共投入、促进医疗服务资源优化的同时，科特迪瓦在医疗卫生领域仍面临诸多挑战，如医护人员的培训资源少、医疗信息管理不完善，特别是医疗数据的评估、传递和共享受限等问题。

（三）传媒

科特迪瓦历史最悠久的主流报纸为《博爱晨报》和《科特迪瓦晚报》，发行量较大的报纸有《我们的道路》《爱国者》《民主党人》《今日报》《阵线》和《24 小时》等。随着互联网的发展，科特迪瓦传统纸媒日渐式微，市场萎缩，从 1997 年的 187 家下降到 2020 年的约 93 家。[4]

科特迪瓦通讯社是科特迪瓦官方通讯门户，于 1961 年 6 月 2 日成立。该社在全国各地设 10 家分社和 6 家省级记者站，并同法新社、路透社及泛非国家通讯社保持业务联系。[5]

---

[1] 数据来源于科特迪瓦政府官网。
[2] 数据来源于科特迪瓦规划与发展部官网。
[3] 数据来源于科特迪瓦政府官网。
[4] 刘天南. 科特迪瓦 [M]. 北京：社会科学文献出版社，2020.
[5] 商务部国际贸易经济合作研究院，中国驻科特迪瓦大使馆经商处，商务部对外投资和经济合作司. 对外投资合作国别（地区）指南·科特迪瓦（2023 年版）[Z]. 北京：商务部国际贸易经济合作研究院，中国驻科特迪瓦大使馆经商处，商务部对外投资和经济合作司，2024：14.

科特迪瓦国家广播电台是科特迪瓦最大的国有广播电台，广播语言有法语、英语和当地语言三种，并分为国家电视 1 台和国家电视 2 台。此外，科特迪瓦居民还可以收听国外电台，收看私立国际频道和各种地方电视台。2016 年年初，中国四达时代集团中标科特迪瓦卫星电视频段，使得中国电视节目也可以在科特迪瓦播出。

阿比让网是科特迪瓦影响力较强的纯网络媒体，每日发布或转载大量新闻资讯，并提供各类生活、商业、娱乐等服务信息，内容丰富。此外，国家电视台 RTI 官网、国家通讯社 AIP 官网、《博爱晨报》官网 FratMat 以及《国际报》《信息晚报》的官网 Linfodrome 也是影响较大的新闻网站。

二、经济生活

（一）农业

农业是科特迪瓦的经济基础，可可、腰果、咖啡、棉花和橡胶等初级农产品出口是科特迪瓦国民经济的主要收入来源。可可和咖啡总产值占科特迪瓦国内生产总值的 15%，出口额占科特迪瓦出口总额的 50%，全国约有 700 万人从事可可和咖啡产业。科特迪瓦不仅是世界第一大可可生产和出口国，也是世界第一大腰果生产国及非洲第三大棉花生产国。近年来，科特迪瓦的热带水果出口量也有所增加，是世界十大香蕉出口国中唯一一个非洲国家。科特迪瓦主要粮食作物有玉米、小米、高粱、稻米、木薯和山药等，但其粮食产量无法自足，特别是大米，仍然依赖进口。2020 年，农业生产总值占科特迪瓦国家生产总值的 21.4%，但在近几年逐年下降，由 2021

年的 17.5% 下降至 2022 年的 16.7%。[1]

（二）工业

科特迪瓦的工业绝对值和人均产值均位于非洲前列，也是非洲工业多元化的国家之一。科特迪瓦的工业在国家独立后的前 30 年快速崛起，并取得了飞跃式增长。然而，自 1999 年之后的近 10 年中，受到内战和社会危机的影响，科特迪瓦经济增长中断，大量基础设施被破坏，企业被迫关闭，就业机会急剧减少。内战结束之后，科特迪瓦工业进入复苏阶段。从 2012 年起，科特迪瓦采取多种激励措施，在阿比让、亚穆苏克罗、布瓦凯、圣佩德罗等地建立工业区，吸引工业投资。2022 年，科特迪瓦工业产值占科特迪瓦国家生产总值的 22%。[2]

科特迪瓦的主要工业产业是农产品加工业，其次是棉纺织业、炼油、化工、建材和木材加工工业。自 1990 年起，私有企业占主导，特别是小型和中型企业数量众多。大型企业主要分布在石油和电力，如科特迪瓦炼油公司、非洲海岸不动产与金融公司、科特迪瓦电力公司、法国电信科特迪瓦分公司、道达尔科特迪瓦分公司和科特迪瓦国家石油公司等，均为非洲 500 强企业。[3]

（三）服务业

科特迪瓦的第三产业主要以商业贸易、运输业和通信行业为主。自

---

[1] 数据来源于世界银行官网。
[2] 数据来源于世界银行官网。
[3] 商务部国际贸易经济合作研究院，中国驻科特迪瓦大使馆经商处，商务部对外投资和经济合作司. 对外投资合作国别（地区）指南——科特迪瓦（2021 版）[Z]. 北京：商务部国际贸易经济合作研究院，中国驻科特迪瓦大使馆经商处，商务部对外投资和经济合作司，2022：20.

2018年起，科特迪瓦的第三产业发展迅猛，占国家生产总值的比重由2018年的32.6%快速增长至2022年的48.2%。[1]

商业贸易是科特迪瓦经济的重要支柱，总体可以分国内贸易、西非区域贸易以及与周边国家的国际贸易三个部分。外贸经济在科特迪瓦国内战乱动荡期间曾遭受重创。2013年科特迪瓦国内局势趋于稳定之后，科特迪瓦外贸经济逐渐复苏。据科特迪瓦经济和财政部数据显示，2020年科特迪瓦货物贸易总额约为231亿美元，其中出口125亿美元，进口106亿美元，顺差19亿美元；服务贸易总额约为24亿美元，其中出口9亿美元，进口15亿美元。[2] 2021年，商品贸易占科特迪瓦国内生产总值的42.1%。[3]

科特迪瓦主要贸易伙伴为中国、法国、荷兰、尼日利亚、美国、越南、比利时、德国、瑞士和印度等国，其中，自2018年以来，中国成为科特迪瓦第一大双边贸易伙伴国和第一大进口商品来源国。[4] 科特迪瓦主要出口商品为可可、腰果、咖啡、油棕、橡胶、棉花、香蕉、菠萝等农产品，原油、黄金、石化产品以及其他初级加工产品，主要进口食品、轻工、机电、原油、药品等。

在交通运输领域，科特迪瓦是非洲交通网络最发达的国家之一。发达的公路网、海运港口和航空运输提高了科特迪瓦地方经济发展的竞争力，并促进了科特迪瓦国内外商品原料流通和贸易往来。根据科特迪瓦装备与道路养护部数据显示，科特迪瓦公路四通八达，承担全国贸易运输量的

---

[1] 商务部国际贸易经济合作研究院，中国驻科特迪瓦大使馆经商处，商务部对外投资和经济合作司. 对外投资合作国别（地区）指南——科特迪瓦（2021版）[Z]. 北京：商务部国际贸易经济合作研究院，中国驻科特迪瓦大使馆经商处，商务部对外投资和经济合作司，2022：17.

[2] 商务部国际贸易经济合作研究院，中国驻科特迪瓦大使馆经商处，商务部对外投资和经济合作司. 对外投资合作国别（地区）指南——科特迪瓦（2021版）[Z]. 北京：商务部国际贸易经济合作研究院，中国驻科特迪瓦大使馆经商处，商务部对外投资和经济合作司，2022：17-20.

[3] 数据来源于世界银行官网。

[4] 商务部国际贸易经济合作研究院，中国驻科特迪瓦大使馆经商处，商务部对外投资和经济合作司. 对外投资合作国别（地区）指南——科特迪瓦（2021版）[Z]. 北京：商务部国际贸易经济合作研究院，中国驻科特迪瓦大使馆经商处，商务部对外投资和经济合作司，2022：18.

90%。公路总里程为 8.25 万千米，占西非经货联盟公路总里程的 50%。在海运方面，科特迪瓦有阿比让和圣佩德罗两个港口。阿比让港是非洲第二大港、西非第一大港，承担着科特迪瓦 90% 以上的进出口业务，2022 年全年吞吐量达 2 867 万吨。圣佩德罗港为世界第一大可可出口港，2022 年货物吞吐量为 624 万吨，营业额超过 100 亿西非法郎。在空运方面，科特迪瓦全国有大小机场 20 多个，其中阿比让机场是非洲法语国家最大的机场，2022 年科特迪瓦空运货物吞吐量达 3.35 万吨，空运商务旅客人次达到 209.1 万。[1]

在移动通信领域，截至 2022 年年末，科特迪瓦全国 2G 覆盖率约 97.55%，3G 覆盖率约 94.6%，4G 覆盖率约 60%。经济首都阿比让的 3G 覆盖率基本达到 100%。与此同时，科特迪瓦移动互联网普及率也从 2015 年的 21% 上升至 2020 年的 73%。网络通信技术已经成为科特迪瓦最具发展潜力的行业，也是政府重点发展的行业之一。[2]

科特迪瓦是一个古老而又年轻的国家。它经历了欧洲殖民者的入侵和殖民统治，也在独立后的初期实现了经济快速发展的奇迹。作为一个多民族国家，它保持了较为安定的状态，社会逐步发展，人民生活水平逐渐提高，经济总量在西非国家经济共同体中排名第三，在西非经济货币联盟中排名第一。

---

[1] 商务部国际贸易经济合作研究院，中国驻科特迪瓦大使馆经商处，商务部对外投资和经济合作司. 对外投资合作国别（地区）指南——科特迪瓦（2021 版）[Z]. 北京：商务部国际贸易经济合作研究院，中国驻科特迪瓦大使馆经商处，商务部对外投资和经济合作司，2022: 20-21.

[2] 商务部国际贸易经济合作研究院，中国驻科特迪瓦大使馆经商处，商务部对外投资和经济合作司. 对外投资合作国别（地区）指南——科特迪瓦（2023 版）[Z]. 北京：商务部国际贸易经济合作研究院，中国驻科特迪瓦大使馆经商处，商务部对外投资和经济合作司，2024: 23.

第二章 文化传统

第一节 历史沿革

一、殖民时期

大约在 15 世纪，欧洲人进入科特迪瓦地区开始经济活动。1469 年，葡萄牙航海家首次登陆科特迪瓦，在此建立了巴萨姆和萨桑德拉两个贸易站。当地大象成群，盛产象牙，葡萄牙人将其命名为"象牙海岸"，葡萄牙人还命名了一些科特迪瓦的城镇和河流，如圣佩德罗、萨桑德拉、弗雷斯科和卡波帕尔马斯等。

1687 年，法国人建立了位于科特迪瓦东部阿西尼地区的第一个贸易据点，1705 年因为奴隶贸易利润不足离开。19 世纪初，法国人重返科特迪瓦地区。从 1830 年开始，法国海军上将路易·博福尔-维埃伊梅与科特迪瓦各部落的酋长签订了若干贸易垄断合同，主要涉及黄金、象牙、橡胶和棕榈油领域的贸易。从 1887 年起，马塞尔·特雷克-拉普莱纳代表法国在科特迪瓦北部和西部与当地酋长签订了多份联盟条约，并成为实际意义上的第一位法国驻科特迪瓦的殖民官员。1893 年，法国政府将几内亚湾的多个贸易站合并，签署了创立科特迪瓦殖民地的法令，并任命路易-古斯塔夫·班热为总督，选择大巴萨姆作为首都，将科特迪瓦纳入法国殖民帝国版图的一部分，自此正式建立了科特迪瓦殖民地。1902年，法国政府颁布法令，确立了法属西非的管辖范围，明确了科特迪瓦是法属西非的一部分，其行政长官受法属西非殖民政府的监督。当时的几内亚湾是法国等欧洲殖民者实行奴隶贸易的主要场所，科特迪瓦因为自然资源丰富成了法国的主要原材料供应地，南部的种植园经济得以迅速发展。其间，法国政府从该国北部和非洲内陆国家引入了大量的劳动力，在一定程度上改变了科特迪瓦的人口结构。

20世纪30年代，非洲各地的"非洲文化运动"蓬勃兴起，人们重新挖掘非洲文化价值，促进了科特迪瓦民众的文化觉醒和独立意识的萌发。费利克斯·乌弗埃–博瓦尼带领科特迪瓦人民走上了争取自由解放的征程。在他的推动下，法属西非和法属赤道非洲国家在1946年10月19日建立非洲民主联盟，并在这一框架下掀起了非洲解放运动的浪潮。

1958年6月，法国政府起草一项法案，重新梳理了法兰西共和国与非洲相关国家的关系。该法案规定建立一个各国享有自治权，以民主和自由的方式管理内政的法兰西共同体，原法属殖民地和海外领地可以在"保留原有地位""成为法兰西共和国海外省"[1]"成为共同体成员国"[2]中自由选择。1958年12月4日，科特迪瓦成为法兰西共同体的自治共和国，享有一定的自主权。随着国家的经济发展和自由独立意识的加强，科特迪瓦表现出独立行使国防、经济、外交等领域权力的诉求，但是在当时仍然由法国代为行使。

---

[1] 即成为法兰西共和国的一部分。
[2] 即获得自治权。

二、独立时期

1960年8月7日，费利克斯·乌弗埃-博瓦尼宣布科特迪瓦独立，并当选为科特迪瓦共和国的首任总统。翌年4月，科特迪瓦脱离法兰西共同体。科特迪瓦独立后，法国依然通过经济援助与合作、货币关联和控制、驻军等方式对科特迪瓦施加影响。

独立后的科特迪瓦经历了内部动乱时期。费利克斯·乌弗埃-博瓦尼7次连选连任总统，直至1993年12月7日逝世。议长亨利·科南·贝迪埃继任总统，并在1995年成功连任。1999年12月，前总参谋长罗贝尔·盖伊发动军事政变，自任总统和全国救国委员会主席。2000年10月，人民阵线候选人巴博当选总统，科特迪瓦进入第二共和国时期。2002年9月，科特迪瓦部分军人发动兵变，引发内战，政府军与叛军形成南北对峙局面。联合国2004年4月部署驻科特迪瓦行动团。2007年3月，政府军与叛军签署《瓦加杜古协议》，结束内战，宣布进入政治过渡期。2010年10—11月，科特迪瓦先后举行两轮总统选举，巴博和反对党共和人士联盟候选人瓦塔拉分别宣布胜选并宣誓就职总统，双方的对立最终升级为全国范围的武装冲突，并以巴博被捕宣告选后危机结束。瓦塔拉于2011年5月宣誓就职，并于6月组建新政府。2015年10月，瓦塔拉以83%的高得票率再次赢得大选，蝉联总统。2016年10月，科特迪瓦举行全民公投，以93.4%支持率通过新宪法，决定设立副总统一职，增设参议院，进入科特迪瓦第三共和国。随着政局恢复稳定，2016年4月，联合国安全理事会通过决议，决定全面解除对科特迪瓦的制裁。2017年6月，联合国驻科行动团正式撤出。2020年7月，瓦塔拉再次以94.27%的高得票率赢得大选连任，任期至2025年。[1]

---

[1] 中华人民共和国外交部. 科特迪瓦国家概况 [EB/OL]. [2024-07-28]. https://www.mfa.gov.cn/web/gjhdq_676201/gj_676203/fz_677316/1206_677922/1206x0_677924/.

科特迪瓦进入第三共和国时期之后，国内局势较为稳定。从 2011 年开始的连续三个"国家五年发展计划"制定了明确的分阶段目标，并持续推动了民族和解、经济发展和民生建设，引领该国人民在"团结的科特迪瓦"这一目标下稳步前进。

第二节 风土人情

一、饮食习惯

科特迪瓦常见的主食为富杜，也称富富，通过在水中蒸煮富含淀粉的可食用根茎植物并研捣至适宜的稠度制成，最为常见的食用方式是富杜与秋葵、鱼（一般是鱼干）、番茄等同食，再加以辣酱调味，被誉为科特迪瓦的国菜。因地区差异和宗教信仰不同，科特迪瓦人的饮食也有所差异。在北方热带稀树草原地区以胡椒花生酱拌饭为主，南部沿海地区则以鱼和油炸大蕉为特色。总体来看，科特迪瓦人口味较重，爱吃辣椒，习惯食用大块牛羊肉或鱼，常用椰子油、棕榈油、香叶和苏格兰帽椒作为调料。

二、民族服饰

科特迪瓦人的服饰分传统和现代两种风格。在大城市和沿海地区，人们在重要场合一般身着现代服饰，年轻人的穿着风格与西方国家相近。当地大部分人日常身着传统民族服饰布布和帕捏。布布是宽松大袍，一般用大提花布料或优质印花面料制作，男女老幼皆可穿着，不同民族袍子上的图案往往有所差异。帕捏男女均可穿戴，在两腋下或腰间围裹。各民族使用的材料和图案各有不同，但基本款式相同。男性使用的帕捏一般为菱形，通常由 10 厘米宽、2 米长的棉质布条缝合而成。女性使用的帕捏长约 1 米，宽约 2 米。此外，佩戴饰物是科特迪瓦各民族人民的传统，常见的饰物有贝壳做成的贝冠以及骨质、木质饰物。

三、礼仪风俗

科特迪瓦人朴实诚恳、注重礼仪、热情好客。一般情况下，男性之间会握手相互致意，男女或女性之间则会实行贴面礼，并说一些友好和祝福的话语，往往会寒暄良久才进入正题。在科特迪瓦，得体的称谓非常重要。科特迪瓦人受到西方文化影响，一般使用"先生""夫人""女士""小姐"与姓名、职务、头衔等连起来称呼。对于部长以上的政府高级官员，则以"阁下"相称。

科特迪瓦社会历来有尊老敬老的传统，尊老敬老是衡量一个人修养礼貌的基本标准。遇见长者时彬彬有礼，问候时多称"爸爸"或者"妈妈"。家族中最年长者具有至高无上的权力，子女回到家中首先应向长者请安汇报，聆听长者的教诲，冒犯长者被视为失礼。晚辈即使在公共场合被长者责骂，也不应辩解，体现了对长辈的绝对尊重。

四、婚姻家庭

家庭是科特迪瓦社会的基本单位。男人被视为家庭中的顶梁柱，而女人则被认为应承担相夫教子的义务。同一血缘群体构成一个村落，多个村落构成部落。家庭与家族、氏族部落通过血缘关系联系在一起。氏族长者是维护本氏族利益和加强氏族团结的核心，是调解争端、制定加强家规族规必不可少的成员。同时，他们也会主持婚丧礼仪，监督氏族成员坚守习俗。

不论是在科特迪瓦东部的母系社会族群，还是位于其他地区的父系社会族群，一个家庭的夫妻双方都同时属于母系和父系亲属群体。男人一般是家族的继承人。鲍勒族和塞努福族虽为母系氏族，但家族的各项权利和土地都会集中到母系家族男性后代的手中。根据科特迪瓦大多数部落的传统，女性并没有土地继承权，只有对丈夫家族产地的使用权。

科特迪瓦政府于1964年、1983年、2013年和2019年分别出台了4部法律来加强对科特迪瓦妇女权益的保护。1964年10月7日第64-375号法律废除了一夫多妻制度，第21和22条对违反者做出明确的惩罚规定。1983年8月2日颁布的83-800号法令对1964年64-375号法令做出修改，第3条强调婚姻建立在夫妻双方自愿的基础上。2019年6月26日第2019-570号法律明确规定夫妻双方拥有对家庭共同财产的管理权。2023年2月15日，科特迪瓦司法与人权部对2019-570号法律再次做出更新说明，现行法律规定的男女法定结婚年龄均为18周岁，只有经过法律公证的婚姻才是合法婚姻，法律禁止早婚。科特迪瓦人往往会采用传统婚礼仪式，婚俗随族群、宗教和地域不同而形式各异。婚姻不仅是两个人的结合，更是两个家庭的结合，订婚仪式是两个家庭成员认识的机会，在科特迪瓦传统婚俗中非常重要。在婚礼仪式上，男方往往会向女方家庭赠送贵重的帕捏以及珠宝、酒水等，现场举行歌舞表演，甚至融合了西式婚礼的元素，展现了文化交融的特色。

五、丧葬习俗

科特迪瓦每个民族都有其特有的传统丧葬仪式，并伴有不同的面具舞蹈、音乐演奏和象征物，如在阿肯族系的葬礼上，司仪会讲述本族祖先的神话和与逝者所属文明有关的重要历史事件。[1] 面具舞结束后，妇女会开始哭丧。葬礼结束，参加葬礼的人会手持小石头、贝壳或硬币，在头顶上划一圈，作为结束葬礼的统一动作。阿肯族系的陶瓷工匠还会根据逝者生前的容貌烧制雕塑，在节日里拿出雕塑讲述一些古老的传说和故事，以纪念逝者，重温本族历史和传统。塞努福族的葬礼上也有面具舞蹈，由戴面具的男性敲鼓和摇铃，以此帮助逝者的气息与先祖会合。逝者生前的财产以及一些代表家庭成员的雕塑、祭品等也会随逝者一同下葬。

所有这些仪式、象征物、舞蹈、音乐，都体现了"重生"的意涵，这不但是科特迪瓦人对亲人的慰藉，也寄托着古老族群历经岁月洗礼而传承下来的信念与价值。

六、传统节日

科特迪瓦法定节假日较多，具体如表 2.1 所示。

表 2.1 科特迪瓦主要法定节假日 [2]

时间	节假日
1月1日	元旦
4月20日	复活节
复活节后第七个周日	圣灵降临节

---

[1] OWUSU-SAPONG C. La mort akan : étude ethno-sémiotique des textes funéraires akan[M]. Paris : L'Harmattan L'Harmattan, 2001.

[2] 中华人民共和国商务部. 科特迪瓦节假日 [EB/OL]. (2016-08-08)[2024-06-01]. http://ci.mofcom.gov.cn/article/ddgk/zwjiaqi/201608/20160801375271.shtml.

续表

时间	节假日
5月1日	国际劳动节
5月29日	耶稣升天节
8月7日	独立日
8月15日	圣母升天节
11月1日	万圣节
12月7日	国庆节
12月15日	和平节
12月25日	圣诞节
伊斯兰教历3月12日	圣纪节（真主生日）
伊斯兰教历10月1日	开斋节
伊斯兰教历12月10日	古尔邦节（宰牲节）

此外，科特迪瓦各个民族传统节日众多，每月都有不同的节日，其中最负盛名的有昆顿节、木薯节、波波狂欢节、波罗成人礼和代际节。

昆顿节每年会在10月底到11月初在大巴萨姆举行，是恩济马族的重要节日。在为期七天的节日中有铜管乐演奏、化装舞会等精彩节目，每年都会吸引成千上万的表演者和游客，也是本地和周边各民族年轻人的盛会。

木薯节是阿肯族系最重要的节日，也是科特迪瓦东部地区的传统节日，西部山区部分民族也有此传统。各民族对木薯节的称呼有所不同，但仪式和象征物基本相同。根据木薯的成熟季节，在8月至次年2月举行仪式，由酋长亲自击鼓，通过象牙或者其他材料制成的号角演奏，以祭奠祖先、英雄和神灵。

波波狂欢节也称"面具狂欢节"，起源于博努阿市的埃维族，是阿比让东部香蕉产区的文化盛会。最主要的活动是选美比赛，评选出最美年轻女士"波波"、最美年轻男士"爱贝"以及最美中年妇女"阿乌拉巴"。节日期间还有狂欢游行、商业集会等。

波罗成人礼是塞努福族人必须经历的成人仪式。未成年人需接受一系列旨在锻炼他们精神、智力和信仰的挑战与历练。整个成人礼的过程，不仅是对个体能力的考验，也是对其意志和信仰的磨砺，通过波罗成人礼，塞努福族的年轻人得以继承先辈智慧，肩负起守护本民族文化的责任。

代际节是埃布里埃族、阿居克鲁族、阿克耶族、阿布雷族等民族的重要节日。这些民族中的代际关系已经制度化，一般以15岁为一个代际。代际节一般在夏季举行，往往历时数月，以不同代际为中心举办欢庆活动，有战舞、女性游行、神秘仪式和祭祖等。掌管村中事务的权力移交仪式也会在此期间进行，上一代际将象征权力的火炬转交给下一代际。

七、舞蹈

科特迪瓦的舞蹈分为传统舞蹈和现代舞蹈。传统舞蹈形式多样，动作具有特定含义，既可以规律性地重复，也可以加入舞者的即兴发挥，舞者常常佩戴面具。其中，古罗族的面具舞是科特迪瓦国宝级的舞蹈文化形式，将面具、编织工艺、音乐和舞蹈完美结合。面具样式共有7种，分别代表一个特定的传说。舞者身穿颜色鲜艳的紧身连衣裤，裤子外面覆盖网眼，手腕、脚踝、腰部上都有一圈颜色鲜艳的拉菲草装饰。表演时舞者双脚快速交替踩踏，具有一种特别的形式感，被形象地比喻为"非洲小马达"。2017年，古罗族面具舞蹈和音乐进入联合国教科文组织《世界非物质文化遗产代表作名录》。

科特迪瓦现代舞蹈流派兴起于20世纪80年代，受到非洲其他国家舞蹈的影响。例如，非洲恩东波罗劲舞是科特迪瓦人最喜爱的现代舞蹈之一。

科特迪瓦现代音乐的多样发展也催生出不同类型的现代舞蹈，如姆马库巴舞、慢摇舞、切–挪音乐"概念舞蹈"，以及祖格鲁音乐衍生出的尼亚克帕舞、克帕克罗舞等。

八、名胜古迹

科特迪瓦的多民族文化在历史发展过程中留下了较为丰富的人文遗产，其中大巴萨姆的老城区和北部的苏丹式清真寺被列入《世界遗产名录》。

大巴萨姆的老城区带有19世纪末法国风格，这里记录了从19世纪末到20世纪初科特迪瓦殖民统治时期的历史。老城区域包括了一个拥有画廊、阳台和花园等特色的渔村，历史上这里是殖民者与当地非洲居民的混合居住区。随着时间的推移，这一区域逐渐损毁，但近年来，当地已经开始逐步进行修复工作。2012年6月30日，老城区的部分地区被联合国教科文组织列入《世界遗产名录》，成为科特迪瓦首个被认定的世界文化遗产，标志着其在历史与文化上的重要价值。

在科特迪瓦北部腾格雷拉省、库托省、索罗邦戈省、萨马蒂吉拉省、姆本格省、孔格省和卡瓦拉省的8座小型土坯清真寺，具有独特的建筑风格，主要是外突的木杆，顶部带有陶器或鸵鸟蛋装饰的垂直扶壁以及锥形宣礼塔。科特迪瓦曾经有数百座类似风格的清真寺，仅有20座留存至今，其中保存最为完好的8座于2021年成功申报进入《世界文化遗产名录》。这些清真寺反映了苏丹风格建筑形式和当地建筑形式的融合，具有鲜明特色。

此外，位于亚穆苏克罗的和平圣母大教堂是非洲大陆最为重要的天主教朝圣地，也是世界上最高的天主教教堂。教堂设计采用拉丁十字式，于1990年竣工，可容纳1.8万人。2001年，瓦塔拉总统的授职仪式在此举行。

第三节 文化名人

一、贝尔纳·达迪耶

贝尔纳·达迪耶（1916—2019）被誉为科特迪瓦现代文学之父。作为科特迪瓦文学的领军人物，达迪耶的创作几乎涵盖所有的文学体裁，包括诗歌、小说、戏剧、编年史和传统故事。1933年，他创作的讽刺戏剧《城市》是科特迪瓦现代文学史上第一部真正的非即兴文学作品。达迪耶的主要作品有诗集《昂然挺立的非洲》（1950），小说《克兰比耶》（1956），《在巴黎的一名黑人》（1960）、《纽约的老板》（1960）和《万物不死的城市》（1968）三部曲，戏剧《托格-尼尼先生》（1970）和《刚果的贝亚特丽斯》（1970）等。科特迪瓦独立后，达迪耶先后担任国家教育部部长办公室主任、文化事务主任、艺术和文学监察长，1977年担任文化和信息部部长。1965年，他因《纽约的老板》获得非洲文学大奖，在2016年因为对非洲文化的贡献获得联合国教科文组织和墨西哥国立自治大学奖。

二、阿马杜·库鲁马

科特迪瓦作家阿马杜·库鲁马（1927—2003）被认为是非洲当代最重要的作家之一，也是美国、非洲和欧洲大学研究最多的法语作家之一。库鲁马于1927年11月24日生于科特迪瓦本贾利。1970年，他的第一本长篇小说《独立的太阳》在法国出版，随即获得诸多文学奖项，现已成为非洲文学经典。他在1998年出版的《等待野兽投票》获"法国国家电台书奖""非洲热带地区文学奖"。2000年，他以72岁的高龄写下《人间的事，阿拉也会出错》(又译《安拉不是被迫的》《血腥童子军》)。《人间的事，阿拉也会出错》以黑人精神运动为载体，展现了非洲的现实问题，并引发了一系列关于非洲传统文化继承与弘扬的相关思考。此书获得法国重要文学奖"雷诺多文学大奖"和"中学生龚古尔奖"，成为当年法国最畅销的小说之一。

三、亨利·科南·贝迪埃

亨利·科南·贝迪埃（1934—2023），在达迪耶克罗村的一个可可种植户家庭中长大。他是科特迪瓦民主党的重要成员，该党由科特迪瓦第一任总统费利克斯·乌弗埃-博瓦尼创立。

贝迪埃的政治生涯始于20世纪60年代。1993年12月7日，在乌弗埃-博瓦尼去世后，贝迪埃作为议会议长继任成为科特迪瓦总统，直到1999年卸任。在他的总统任期内，贝迪埃继续推行乌弗埃-博瓦尼的一些政策。此外，他还面临着国内政治紧张局势的挑战。

2010年，在科特迪瓦的总统选举中，贝迪埃支持了现任总统阿拉萨内·德拉马内·瓦塔拉，并在随后的选举危机中继续支持他。这一举动对瓦塔拉最终当选起到了关键作用。此后，贝迪埃成为科特迪瓦政坛的重要人物，并在多次政治转折点上发挥了重要作用。

贝迪埃的政治生涯跨越了几十年，他不仅是科特迪瓦政治历史上的重要人物，也是该国政党政治的关键角色之一，在科特迪瓦的政治转型中扮演了不可或缺的角色。

第三章 教育历史

科特迪瓦的教育既有自己的传统特点，又留有法国教育体系的痕迹。殖民前的科特迪瓦教育有着明显的非洲本土特色。殖民时期深受法国本土教育方式影响，体现在课程设置、教学方法和评估标准等多个方面。从学制的设立来看，科特迪瓦沿用了法国本土的教育制度，分为学前教育、小学教育、中学教育和高等教育。学前教育面向 3—6 岁学龄前儿童，小学学制为 6 年，初中为 4 年，高中为 3 年，高等教育包括 3 年本科、2 年硕士研究生和至少 3 年的博士研究生阶段。本章将从科特迪瓦殖民前时期、殖民时期以及独立后时期探索科特迪瓦的教育历史。

第一节 历史沿革

一、殖民前的教育

在传统的科特迪瓦社会，教育是以群体为单位的非官方行为。父母是孩子的主要教育者，教授他们生存所需的实用技能，并通过故事、谚语、歌曲和舞蹈来传递价值观。部落酋长在教育中发挥极为重要的作用，拥有较强的权威性，负责传播社会的文化价值和规范。科特迪瓦传统社会主要以口头传播知识为主，非常强调实践经验和观察学习。

男孩和女孩所接受的教育不同。男孩通常从父亲那里学习农业、狩猎和钓鱼等技能，接受体能训练。女孩则从母亲那里学习如何照顾家庭，包括烹饪、清洁和照顾年幼的弟妹，也可能接受纺织和编织等手工艺的培训。一些族群采用了更具包容性的教育理念，女孩也可以学习可可种植和农产品销售等方面的技能，有参与经济活动的机会。一些族群和部落为年轻人建立了诸如夜校等非正式的教育机构，教师通常是有威望的部落成员。

随着科特迪瓦社会的发展，宗教对教育的影响逐渐显现。14世纪，伊斯兰教传入科特迪瓦，18世纪在科特迪瓦北部扎根，创立了第一批古兰经学校。古兰经学校自成体系，没有接受当时殖民者的严格管理，成为一个提供包括道德培训在内的综合教育机构。由于要与欧洲学校接轨，古兰经学校学生的入学年龄为5—6岁，学习分为5个阶段。第一阶段为期一年，学生须学习经文、祈祷所需的仪式以及书写阿拉伯文字，并遵守严格的纪律，绝大多数女孩在完成这一阶段后就停止了学习。在第二阶段，学生须背诵《古兰经》全文，要初步具备阿拉伯语读写的能力。第三阶段的重点是学习翻译《古兰经》，学生应对经文文本的含义和阿拉伯文明有初步了解。第四阶段，学生主要学习《古兰经》及其附属经文，学习先知穆罕默德的言论和经历。通过该阶段的学习，学生能够熟练运用阿拉伯语进行听说读写，并具有一定的阿拉伯语理解能力。最后一个阶段，学生须前往阿拉伯国家直接接触阿拉伯文明。在接受培训的同时，学生还可以在技术或商业学校接受非宗教课程的培训。回国后的学生可以担任《古兰经》教师。然而，随着殖民影响的深入，教育理念与方式发生了巨大转变，古兰经学校在科特迪瓦的影响力逐渐下降。

二、殖民时期的教育

法国人来到科特迪瓦后，从根本上改变了该国的教育体系。法国殖民者于19世纪末到达科特迪瓦时，将法国的教育形式引入科特迪瓦，构成了科特迪瓦现代教育制度的基础。科特迪瓦的殖民教育体系旨在培养能够为殖民政府工作的精英，成为殖民者和原住民之间的中间人。

1881年，法国教育部部长费里颁布《费里法案》，宣布实施普及义务、免费和世俗的基础教育，公立学校不允许带有宗教标识，不开设宗教课程。随着《费里法案》的实施，宗教教育的影响力逐渐在法国本土降低。在非洲殖民地，法国也加强了对世俗教育的支持力度和对宗教教育的管控力度，但是较法国本土稍有滞后。因此在殖民前期的科特迪瓦，宗教教育与世俗教育交织进行。

1887年，法国殖民者在科特迪瓦南部的埃利马建立了第一所法语学校，由来自阿尔及利亚的弗里茨-埃米尔·让德尔担任校长。[1] 运营3年后，该校于1890年迁至阿西尼。

从1890年起，几内亚湾沿岸的雅克维尔、大巴萨姆、莫苏、塔布和贝蒂埃建立了乡村学校。这些学校都在沿海地区建立，其中大部分学校办学条件较差。到了1895年，科特迪瓦拥有了第一批"识字者"，但是数量和质量显然都不足以支持法国在科特迪瓦的殖民活动。随后传教士进入科特迪瓦，支持当地的教育活动。1898年，大巴萨姆建立了科特迪瓦第一所女子学校，教育中的性别问题开始受到重视。

1901年，科特迪瓦大约有200万人口，入学儿童人数仅占0.01%，平均教育水平亟待提高。从1903年起，法国殖民政府开始推行新教育政策，加大了对教育的投资力度，这使得学校数量增加，公共教育迅速发展。

---

[1] GNAOULÉ-OUPOH B. La littérature ivoirienne[M]. Paris: Karthala, 2000: 13.

随着世界局势的改变和民众教育意识的提高，科特迪瓦当地的教育理念和体系发生了巨大变化。1944年1月，法国深陷第二次世界大战的泥潭中，对殖民地的影响力逐渐减弱。受到资金来源、师资力量等方面的限制，科特迪瓦教育发展缓慢。一直到20世纪50年代初，科特迪瓦都没有中学。1945年11月，后来的科特迪瓦国父费利克斯·乌弗埃–博瓦尼当选为法国制宪议会议员，要求促进科特迪瓦教育的发展。尽管殖民政府方面持保留意见，但在殖民政府行政长官安德烈·拉特里尔的支持下，第一批科特迪瓦学生进入法国中学学习。

从1945年起，法国殖民政府对非洲地区基础教育和职业教育开始进行了一系列改革，其中教师人数和学生入学人数得到了极大地增加，新课程的开发也提上日程。最突出的特点是农业教育被赋予了重要意义，高等教育开始兴起。

总体而言，科特迪瓦教育深受法国教育体系的影响，但法国殖民时期的科特迪瓦教育仍然面临经费投入不足、基础设施落后等问题。受教育的机会仅限于非洲精英和有能力支付学费的家庭，大多数人并没有接受教育的机会。此外，殖民时期学校的教学以欧洲文化和价值观为中心，没有考虑到非洲的传统和习俗，这直接影响了非洲本土人民对自身文化的认同。

三、独立后的教育

科特迪瓦独立后，开始大力投资教育，为所有儿童提供教育机会。全国各地都建立了小学和中学，并努力提高教学质量。有关非洲语言和文化的教学内容也被引入了教育系统。科特迪瓦政府通过制定培训计划，对教师进行非洲语言和文化的培训，并编写了反映国家文化多样性的教科书。2021年，国民教育与扫盲部获得超过10亿非洲法郎，即国家预算的23%。高等教育与科学研究部获得的预算为3 430亿非洲法郎，占总预算的7%。技术教育、职业培训与学徒部获得1 250亿非洲法郎，占总预算的3%。[1]

科特迪瓦广泛吸收其他国家先进的教育理念和经验，鼓励科特迪瓦学生与其他国家学生交流学习。科特迪瓦在非洲主要与西非法语国家进行教育交流合作，同非洲教育协会保持高频率合作。科特迪瓦也注重同欧洲国家，尤其是法国的教育交流合作。在欧盟框架内，伊拉斯谟项目给予了科特迪瓦大量的留学机会，鼓励科特迪瓦学生前往欧洲求学。在亚洲，科特迪瓦长期与中国、日本、韩国和印度保持教育合作，通过互相派遣留学生、教师培训等方式保持良好互动。在国际组织层面，科特迪瓦是联合国教科文组织重点合作的非洲国家之一，联合国粮农组织、法语国家组织和其他非政府组织也同科特迪瓦保持着教育、文化领域的互动。

然而，独立后的科特迪瓦教育仍然面临诸多挑战，如区域教育发展水平不均，女性难以获得优质教育，入学率和考试通过率依然偏低等。

第二节 教育名家

一、费利克斯·乌弗埃-博瓦尼

费利克斯·乌弗埃-博瓦尼是科特迪瓦首任总统，领导国家长达33年。他被视为科特迪瓦的开国元勋，在建立科特迪瓦政治和发展经济方面发挥了关键作用。乌弗埃-博瓦尼提出"和平、对话、繁荣和热情好客"的政策主张，这使得科特迪瓦经济得以迅速发展。

---

[1] 数据来源于国际预算伙伴关系组织官网。

乌弗埃-博瓦尼对教育在国家发展方面的重要性有着非常清晰的认识。他明确了教育在国家政策中的基础地位，执政初期就制定了系列政策来发展科特迪瓦的教育，他启动了一项五年计划，在全国各地修建小学和中学，提高科特迪瓦教学质量。1960年，科特迪瓦的入学率仅为15%，但1980年已上升至50%以上。[1] 乌弗埃-博瓦尼还创建了科特迪瓦国立大学，即现在的费利克斯·乌弗埃-博瓦尼大学。这所大学已成为西非地区卓越的教育中心。乌弗埃-博瓦尼在任期间还启动了与非洲邻国的教育合作项目，促进了科特迪瓦教育体系的高质量发展，提升了科特迪瓦的国际形象。

二、阿拉萨内·德拉马内·瓦塔拉

阿拉萨内·德拉马内·瓦塔拉是现任科特迪瓦总统，曾任科特迪瓦总理、共和人士联盟党主席。瓦塔拉于1942年出生于一个穆斯林家庭，从小表现出对经济和金融浓厚的兴趣，长期从事金融领域工作，1995年曾以国际货币基金组织副总裁身份访华。

瓦塔拉就任总统后明确提出了加强教育事业、改善教育系统并加强科特迪瓦国际影响力的目标。2019年11月推出与受教育权相关的"阿比让原则"，明确提出了科特迪瓦全国公民享有受教育权，国家与教育相关部门应当最大化动员、利用有效资源保证每位公民平等接受教育，并且规定了资金来源、监督方式和考核评估。2023年发起的"总统教育紧急计划"提出了兴建学校、提高教师教学质量、丰富教育资源的目标，旨在保障科特迪瓦公民的受教育机会。[2]

瓦塔拉还与欧盟合作，发起了一项加强科特迪瓦职业培训的倡议。这

---

[1] 数据来源于科特迪瓦国民教育部官方网站。
[2] 资料来源于科特迪瓦家庭部官方网站。

一举措有助于在农业、旅游、信息和通信技术等关键领域培训科特迪瓦青年，提高他们的技能。瓦塔拉总统与其他非洲国家开展教育合作，2019年，瓦塔拉总统组织了关于受教育权的阿比让原则会议，来自非洲大陆的教育部长齐聚一堂，讨论非洲教育面临的挑战和机遇。瓦塔拉尤其鼓励科特迪瓦发展高等教育，创建大学，鼓励科特迪瓦大学与外国大学合作。

在瓦塔拉总统的领导下，教育成为提升科特迪瓦软实力战略的重要杠杆。通过一系列的教育改革措施，科特迪瓦劳动力水平逐步提升。

三、莎拉·阿迪科

莎拉·阿迪科出生于1978年，是一位年轻的教育家，在她的推动下，蒙特梭利学习法在科特迪瓦得到了一定的推广。阿迪科之前是大巴萨姆地区一所国际学校的教师，在多年的教学经历中发现科特迪瓦的教育教学方式过于传统，并不能很好开发学生的潜能。她在学习了蒙特梭利学习法后，于2011年在阿比让建立了以蒙特梭利教学法为主的幼儿园。2014年，该幼儿园获得了阿拉萨内·瓦塔拉"青年企业家"卓越奖，也成为全科特迪瓦唯——所获得雅各布基金会赞助的学校。阿迪科希望能将蒙特梭利学习法普及到中学阶段，并计划在原有基础上再开设一所幼儿园、一所小学和一所教师培训机构。[1]

阿迪科将先进的教育理念引入科特迪瓦教育体系之中，极大地丰富了科特迪瓦的教育模式，为受教育者提供了更加多元化的学习途径，激励了新一代教育工作者追求创新，推动了科特迪瓦教育体系的全面发展。

---

[1] 资料来源于非洲 SPUTNIK 网站。

第四章 学前教育

自独立以来，科特迪瓦政府为推动学前教育体系的发展付出了巨大努力，尽管通过了一系列改革政策，但进展缓慢。直到 2000 年，科特迪瓦政府与联合国教科文组织合作，建立了学前教育机制，至此科特迪瓦的学前教育制度得以正式建立并得到有序发展。

第一节 学前教育的发展和现状

一、学前教育的发展

（一）殖民时期的学前教育

法国殖民统治时期，科特迪瓦学前教育并未受到足够重视，当时的教育重心主要在小学和中学阶段。在城市的极少数家庭中，尤其是法国移民和少数非洲精英家庭，学龄前儿童才能够接触到一定的学前教育。学前教育模式主要来自家庭教育，内容和方法与法国本土类似，教授简单的法语读写技能和算数技能，为孩子们进入小学做好准备，但是没有形成规模和体系，因此学前教育的结果难以用统一标准衡量。此外，部分宗教团体也会开办一些学前教育机构，为适龄儿童提供教学服务。

（二）独立后的学前教育

20世纪60年代，国民教育意识逐渐觉醒。科特迪瓦政府将学前教育纳入国家教育体系的规划建设中，通过建设学校、颁布发展计划和政策法规推动学前教育的发展。[1]

科特迪瓦在发展过程中强调将建设成为"儿童友好的国家"，旨在维护本国儿童的生存和发展权。1991年批准通过《儿童权利公约》，制定国家儿童保护政策，成立跨部门儿童保护委员会以制定国家儿童保护战略。[2]

在2000年前后，科特迪瓦的学前教育进入了快速发展阶段。1999年，科特迪瓦提出"全民教育政策"，对学前教育做出了明确规定。该政策规定要以家庭和社区为基础单位，为幼儿提供教育服务，尤其是保障弱势儿童的发展权。1999年，科特迪瓦人口约为17 190 000人，其中0—8岁儿童约为4 747 000人。在这些儿童中，约3.6%接受正规学前教育（1993—1994年仅有1.8%），96.4%在家庭或其他非正规环境中接受教育。[3]为了提高公众对在正规环境中保护和发展幼儿的必要性的认识，科特迪瓦政府在联合国教科文组织的帮助下举办了一系列以幼儿健康和护理、儿童早期教育等为主题的讲座。当时负责学前教育的部委主要有就业、公共职能与社会规划部，家庭与女性促进部和青年与体育部，并得到国际社会的支持，主要合作对象为联合国儿童基金会和法国文化与合作行动处等。此外，科特迪瓦国内

---

[1] 资料来源于联合国教科文组织官网。
[2] 资料来源于科特迪瓦政府官网。
[3] 数据来源于科特迪瓦国家统计研究所官网。

还有大量私人企业、非政府组织和宗教团体为学前教育提供财力、物力和人力支持，一些非正规学校和培训机构也为幼儿提供学前教育服务。

二、学前教育的现状

（一）学前教育机构

从学前教育学校的建立与归属权看，科特迪瓦的学前教育由公立学前教育机构与私立学前教育机构并行提供。公立学前教育学校属于国家，发展历史相较于私立学前教育更长，教育质量更优。科特迪瓦的私立学前教育学校由私人创办，开办时间较短，教学水平参差不齐。宗教性质的学校一般由非政府组织或者教会负责，部分宗教学校也会提供学前教育。

（二）学前教育覆盖情况

据科特迪瓦2016—2025年教育战略规划，科特迪瓦2013年共有127 760名儿童在学前教育机构注册，2017年上涨至180 176名。根据国民教育与扫盲部的统计数据，2021—2022学年，学前教育注册学生人数为257 633人，其中小班50 570人（年龄为3岁，占入学总人数的19.63%），中班93 436人（年龄为4岁，占入学总人数的36.27%），大班113 627人（年龄为5岁，占入学总人数的44.10%）。[1]

截至2022年，科特迪瓦全国有3 647所学前教育学校（64.38%在城市地区，35.62%在农村地区）。公立学校占比66%，私立学校占比30%，社

---

[1] 数据来源于科特迪瓦政府官网。

区学校占比 4%，共计 8 449 间教室和 10 716 名教师。科特迪瓦政府预计在 2025 年将会有 304 609 名儿童接受学前教育，预计在已成立学校中开设 8 208 个班级，重建 164 168 所公立学前教育学校，在社区建立 65 368 所学前教育学校，在全国补充建立 66 865 所私立学前教育学校。[1]

（三）学前教育机构合作

为提高科特迪瓦学前教育质量，科特迪瓦政府与政府间国际组织、社区机构以及基金会开展广泛合作，取得了显著效果。

1. 与联合国儿童基金会合作

2019 年，联合国儿童基金会应科特迪瓦国民教育、技术教育与职业教育部的要求，开展了关于科特迪瓦幼儿学龄前行为和认知的研究，重点评估学前教育成本、教学方式、儿童入学准备和家长行为。这项研究是迄今为止对科特迪瓦学前教育状况开展的规模最大的全国性调研，为了解和调整科特迪瓦小学教育的内容和方法奠定了基础。联合国儿童基金会科特迪瓦办事处正在建立更多的教育服务机构，为偏远地区 3—5 岁的儿童提供学前教育、健康、营养和保护服务。

2. 与科特迪瓦当地社区合作

科特迪瓦政府启动了"改善服务供给项目"，科特迪瓦政府与联合国儿童基金会合作，启动"改善服务供给"项目，旨在与当地社区合作，提升社

---

[1] 数据来源于 2020 年科特迪瓦政府预算报告。

区学前教育质量。该项目通过建立一个高质量、低成本、可持续的社区学前教育机构，在农村地区开展高质量、低成本和可持续的学前教育，为社区学前教育教师提供入职培训和在职培训，制定学前教育的最低标准和监测体系，提高学前教育质量。2016年至今，科特迪瓦政府通过技术教育、职业培训与学徒部[1]，在巴古埃、贝雷、邦卡尼、卡巴杜古、波罗和乔洛戈等地区建立了117所农村学前教育中心。该项目由全球教育伙伴关系组织通过国际复兴开发银行提供的赠款资助执行。[2]

3. 与雅各布基金会合作

雅各布基金会提出"可可社区教育改革"倡议。该倡议计划在科特迪瓦全国范围内实现幼儿发展和家长帮扶计划，与世界教育组织和食品公司合作，为15所公立学前教育学校提供场地建设、教师培训和学生学习用品。倡议资助家长教育试点项目，支持家长教育活动，将其作为"全国多部门计划"的一部分，为儿童身心健康发育提供支持。

（四）学前教育课程

科特迪瓦政府认识到学前教育对于儿童成长和未来学业发展的重要性，并越来越重视学前教育和幼儿发展。科特迪瓦由4个部级单位负责学前教育，即国民教育与扫盲部，技术教育、职业培训与学徒部，社会福利与消除贫困部，妇女儿童部。另设儿童早期保护中心和儿童社区行动中心两个保护中心。在联合国儿童基金会的支持下，科特迪瓦政府制定了部级幼儿

---

[1] 2016年至今，该部门名称更名多次。2016—2017年为技术教育与职业培训部；2017—2021为国民教育、技术教育与职业培训部；2021年至今为技术教育、职业培训与学徒部。此处统一使用现行名称。

[2] 资料来源于"改善服务供给项目"官网。

发展政策草案。

其中，科特迪瓦国民教育、技术教育与职业培训部 2019 年发布的《学前教育指导方针》规定，学前教育的课程应覆盖艺术创作与表达、环境意识活动、人权与公民意识、体育、法语和数学等学科。

《学前教育指导方针》明确规定了不同学科需要完成的学习时长和占总学时的比例（见表 4.1），其中法语学习所占比例最高（41%），其次是数学（16%）。由此可见科特迪瓦政府将学前教育的重心工作放在了儿童语言和算术方面的基本能力培养上。

表 4.1　科特迪瓦学前教育各学科学习时长及占总学时比例 [1]

学科	周课时（分钟）	年课时（分钟）	学科所占总学时比例
艺术创作与表达	80	1 980	11%
环境意识活动	80	6 000	13%
人权与公民意识	80	1 500	8%
体育	80	1 980	11%
法语	320	18 020	41%
数学	120	3 050	16%

---

[1] 数据来源于科特迪瓦国民教育、技术教育与职业培训部发布的《学前教育指导方针》。

第二节 学前教育的特点和经验

一、学前教育的特点

（一）公立与私立学校并存

科特迪瓦学前教育的提供者主要是公立学校和私立学校，但是二者在数量分布、特殊群体关注度、校园环境和儿童发展方面存在较大差异。

第一，公立学校隶属于国家部委，数量相较于私立学校来说较少，集中在城市地区，能够提供的教育机会有限，而私立学校分布更为广泛，数量更多。私立学校学费较高，可供选择的教育类型更加丰富，但是存在招生不满的情况。表4.2为2019年阿比让和布瓦凯地区不同类型学前教育学生数量情况。阿比让地区共有1 420名注册的学龄前儿童，其中359名在国民教育、技术教育与职业培训部下属的公立学校就读，占总人数的25.28%；45名在妇女儿童部下属的公立学校就读，占总人数的3%；540名在正规非教会私立学校，占总人数的38%；189名在正规教会私立学校，占总人数的13%；还有287名在非正规学校，占总人数的20%。布瓦凯地区已注册的学龄儿童有603人，其中271名在国民教育、技术教育与职业培训部下属的公立学校，占总人数的66%，在妇女儿童部下属的学校中没有学生；45名在私立正规非教会学校，占总人数的11%；94名在私立正规教会学校，占总人数的23%；43名在非正规学校，占总人数的7%。

第二，公立学校与私立学校对于特殊群体的关注程度不同，私立学校对该群体的关注度更高。科特迪瓦学前教育未出现明显的性别不平等现象，但是适合需要特殊教育的儿童的教育机会相对较少。全国所有类型的学前教育学校只有不到一半为残疾人设计了专门设施（如轮椅坡道）。在公立学

表4.2 2019年阿比让和布瓦凯地区不同类型学前教育学生数量[1]

学前教育机构类型	阿比让学生人数	布瓦凯学生人数
公立学校（国民教育、技术教育与职业培训）	359	271
公立学校（妇女儿童部）	45	0
私立正规非教会学校	540	45
私立正规教会学校	189	94
私立非正规学校	287	43
总人数	1 420	453

校，几乎没有受过相关专业培训的工作人员。然而，五分之一隶属于国民教育、技术教育与职业培训部的公立学校和三分之一隶属于妇女儿童部的公立学校至少有一名学生有特殊教育需求。在私立学校，根据不同类型，大约有14%—30%的学生有特殊教育的需求。

第三，科特迪瓦公立学校和正规私立学校校园环境好于私立非正规学校。公立学校和正规私立学校的老师受过专业培训，能够按照教学法要求在课堂与儿童进行互动。几乎所有公立学校老师都能严格按照课程大纲进行教学。75%左右的非教会学校教师为儿童制定了专门的发展计划，但是在教会学校就相对较少。私立学校相比公立学校有更多的益智玩具和书籍。妇女儿童部下属的公立学校教师更加注重学龄前儿童的口语表达，其课堂大多由师生互动和提问组成。非教会学校的老师相比于教会学校也更加注重鼓励儿童的口语练习。

第四，科特迪瓦私立学前教育学校更能激发儿童的潜力。私立学校，尤其是非教会学校培养出的学生往往在语言、算术、绘画等科目比公立学

---

[1] 2018年3—5月，科特迪瓦国民教育、技术教育与职业培训部与方舟教育伙伴集团开展合作，对科特迪瓦学前教育情况进行了调查研究。调研范围覆盖了经济首都阿比让和第二大城市布瓦凯所有类型的学前教育机构，并根据调查收集到的所有资料完成了对科特迪瓦学前教育的评估报告，于2019年发布。

校学生取得更好的成绩。家长选择学校往往考虑教学质量、离家距离、校园安全、学前教育费用以及学校和教师是否定期接受国家有关部门的评估和监督等方面。家长普遍愿意将孩子送往公立学校接受学前教育。

（二）家庭参与度不足

科特迪瓦政府鼓励家庭积极参与学前教育，学前教育不仅仅是教会孩子知识和技能，而且也包括对价值观等方面的培养。

科特迪瓦此前颁布的有关学前教育的政策中强调家庭参与的一个重要方面是对幼儿的健康管理。联合国儿童基金会在科特迪瓦曾做过一项田野调查，对5岁以下儿童家庭在健康、营养和保护方面进行了统计，包括儿童腹泻、发烧或感冒时母亲的反应；每天进餐次数；食物是否能满足孩子成长所需；食物种类是否多样化等。结果显示，居住在城市和科特迪瓦南部、中东部和西部的家长对孩子的健康管理处理方法更科学。

总体看，科特迪瓦仍然需要加强学前教育和科学育儿的普及工作。很多科特迪瓦家长并不具备基本的育儿理念与措施，在涉及儿童身体健康问题上无法及时做出正确的选择，因而在涉及儿童智力发展方面不具备相应的意识和能力，这也是科特迪瓦学前教育发展速度较慢的重要原因。

二、学前教育的经验

（一）政策规划与法律保障

科特迪瓦政府重视学前教育的发展，从教育、儿童保护、国家发展等多角度制定相关政策，落实学龄前儿童的受教育权和发展权。例如，1995

年科特迪瓦政府颁布的 95-696 号法令第 4 条明确规定了学前教育是科特迪瓦教育体系中不可或缺的一环。第 20 条规定了学前教育的目标是帮助儿童全面均衡地发展智力和道德；帮助儿童实现社会化，使儿童能够与他人建立关系；为儿童接受小学教育做好准备。为保证学前教育的教学质量，第 32 条规定了学前教育教学、管理人员需要接受理论和实践培训。此外，该法令还规定了国家对于学前教育的管辖权和监督权，从国家层面为学前教育提供保障。[1] 现如今，学前教育已经成为科特迪瓦国家教育发展战略的重要组成部分。

（二）多元主体共同参与

由于学龄前儿童的特殊性，科特迪瓦政府意识到学前教育需要家庭、学校、社会和包括社区、非政府组织在内的其他行为主体的共同协作，为本国儿童提供全面、可持续发展的学前教育规划。负责学前教育的国家部委之间协调配合，为科特迪瓦学前儿童提供多样选择。儿童家长可以根据自身情况和需求选择更适合的学校类型。公立学前教育机构与私立学前教育机构虽然存在差异，但是都能获得国家政府的支持，且国家会定期为学前教育教师提供专业培训，以提高学前教育的水平。

---

[1] 资料来源于科特迪瓦政府官网。

第三节 学前教育的挑战和对策

一、学前教育的挑战

（一）学前教育意识薄弱

虽然科特迪瓦政府已经认识到学前教育对于儿童发展的重要性，但是尚未被科特迪瓦全社会广泛认可。根据联合国妇女署 2020 年的数据，科特迪瓦学龄前儿童占人口总数的 17%，他们大多由母亲或家人照顾，并没有接受正规教育。只有 0.5% 的 0—2 岁儿童和 11% 的 3—5 岁儿童在正规的儿童保育中心注册。[1] 贫困家庭儿童的数量仅为富裕家庭儿童数量的三分之一。部分家长意识到了学前教育对于儿童早期身心发展的重要性和必要性，从而让他们的孩子接受学前教育。然而，科特迪瓦仍然有大量未接受学前教育的儿童。这些孩子的家长大多是因为经济原因，或当地缺乏优质的学前教育资源，或者是因儿童的人身安全得不到保障而拒绝将孩子送往学前教育机构。

（二）学前教育普及率低

科特迪瓦的学前教育并未普及全国，学前教育资源更多集中在经济相对发达的城市地区，尤其是集中在经济首都阿比让和第二大城市布瓦凯。农村地区入学率仍然不高。学前教育的缺失会影响学龄儿童在小学阶段的学习。根据 2014 年科特迪瓦教育系统报告评估的结果，科特迪瓦小学教育受学前教育设施不足、资源不均的影响。[2]

---

[1] 数据来源于联合国妇女署非洲司报告。
[2] 资料来源于法语地区国家政府教育部长会议发布的《科特迪瓦教育系统报告》。

由于缺乏全国性的学前教育政策和经费投入，科特迪瓦的普通家庭和贫困家庭支付不起学前教育费用，这使得这些家庭的儿童与能支付起学前教育费用家庭的儿童在接受学前教育方面的机会差距拉大。

（三）学前教育体系不完善

科特迪瓦的学前教育系统不够完善。第一，学前教育课程设置不成体系。以学前数学课程为例，科特迪瓦国民教育、技术教育与职业培训部2019年发布的《学前教育指导方针》规定该学科应当围绕三类活动展开，即逻辑训练、计算和几何。逻辑训练包括感知、排序、分类、排列、配对等。学前教育手册中并没有明确规定感知或识别活动的定义是什么，也没有提供任何范例。对教师而言，在设计自己的教学安排时无法获得明确指导。第二，教学目标不明确。学习目标应包括学习者主体、明确的行为、实现条件和成功标准。通过教学目标，教学内容才能有针对性地进行。科特迪瓦现有的学前教育指导方针更多是规定宏观层面的目标与儿童需要掌握的技能，缺乏就如何实现这些目标提出权威性的指导。第三，教学法未得到足够重视。科特迪瓦学前教育系统正式提出的方法包括回忆、操作、构建、口头表达、表述、训练/掌握、创造等，但是在实际教学中，多数教师自行创造新方式，这在一定程度上影响了全国学前教育体系化建设。第四，科特迪瓦学前教育学校信息化程度相对较低，公立学校几乎没有计算机和互联网接入，仅一部分私立学前教育学校有相应的信息化基础设施。第五，没有统一的学前教育评估体系。全国没有统一的课程巩固体系来帮助教师进行课后复习指导，教师不得不在课程结束时即兴设计练习题，在没有插图和说明的情况下，无法确定学生对目标技能的掌握程度。科特迪瓦缺少完整的官方统计数据，学前教育分属多个部委管辖，发展方向较为分散，这对准确评估科特迪瓦学前教育的效果带来了困难。

（四）人力资源缺失

公立学校面临人员缺失的问题。公立学前教育学校的校长很少配备行政助理，所承担的事务与私立学校相比更为繁重、复杂，一定程度上加重了公立学前教育学校校长的工作负担。公立学校负责教学和进行教育规划的专业人员耗费大量的时间和精力去维护学校的日常运作，"双肩挑"的模式一定程度上影响了学前教育的质量。

从学前教育教师专业背景看，虽然公立学校的教师不一定都拥有学前教育专业背景，但是几乎每位教师都有职业文凭。私立学校的教师大多缺乏相关专业资质，近一半教师只有学前教育方面的培训背景。

教师的薪资与教师的专业背景一定程度上会影响其工作的动力与质量。超过一半的学前教育教师对自己工作的认可度和认同感相对较高，但是他们仍然面临超额工作和微薄薪资之间的矛盾，这一点在私立学校尤为突出。公立学前教育学校的教师更愿意留在自己现在的岗位，私立非正式学前教育学校的教师跳槽或者更换工作领域的意愿较强。虽然教师群体本身对于学前教育工作有热爱和归属感，但是他们普遍认为学前教育并没有被社会重视，尤其是不被家长重视。科特迪瓦全国大部分学前教育教师都认为他们的工作强度过大。

二、学前教育的对策

（一）政府层面提供政策支持

科特迪瓦政府努力增加学校、教室和教师的数量，提高学前教育的入学率。政府决定在每所新学校或者扩建的学校里增加一个学前班，鼓励社区成立相应的学前教育机构。政府还设置了监管机构来确保学前教育质量，尤其关注科特迪瓦北部边境地区，确保该地区儿童可以平等地获得入学机会。科特迪瓦政府还决定强化儿童托管服务，增加公共投资。一方面给学龄前儿童提供正规、系统的学前教育，另一方面给科特迪瓦女性提供更多的就业机会。科特迪瓦政府建立了学前教育税收政策，得到的收入用于发展儿童托管保育服务。在保证教学质量的同时最大程度扩大班级容量，尤其是提高现有教学水平较高的学校的招生数量。政府采取干预手段，保证政策向最贫困弱势群体倾斜，尽可能保障此类家庭儿童的学前教育机会，如向贫困家庭提供经济补贴或者物资捐助等；加强对于学前教育教师专业资质的培训，通过提高教师的教学水平来提高学前教育的整体水平；明确学前教育的评估标准，并定期培训教学监察人员；将学前教育的相关经验体系化、理论化。

实现公有私有相结合的合作模式。第一，国家补贴学校。国家优先补贴私立学校，尤其是贫困偏远地区的私立学校。私立学校若要获得补贴资格必须满足政府的具体规定，包括基础设施或教师资格标准等。私立学校必须定期向教育部汇报学生学习情况，接受评估。考核合格的学校可以继续获得国家资助。正规化私人办学机构，无论是否为营利性质，须统一接受国家的管理。第二，国家补贴家庭。国家为家庭提供不同方式的优惠政策，如给家庭提供代金券。家长可以使用代金券支付一部分学前教育费用。政府根据不同地区不同家庭的实际情况设定代金券额度。第三，签订合同确定管理模式。政府与提供学前教育的私营机构签订合同，后者负责学校的管理工作。私营机构有权收取管理费，但是学校的各项基础设施归属权在国家，教师的招聘更灵活和多样化，大多数以合同聘用制方式进行。国家可以授权私营机构负责学前教育教师的培训工作、教学大纲的制定和教学水平的监督等。第四，制定加速学习计划，解决儿童辍学问题。这一模式可应用于学前教育，由非公立教育机构提供小学入学前的学前强化教育。

第五，制定激励计划。政府利用财政激励措施，支持现有私营机构的发展，并鼓励建立新的私营机构。

（二）家庭层面参与配合

学前教育不仅需要国家的重视，还需要家庭的配合。政府听取学生家长对学前教育的看法，制定更具有针对性的学前教育政策。

2020年5月，为加强对家长公共卫生知识方面的教育，科特迪瓦卫生部门出台了《国家卫生发展计划》和《国家结核病防治计划》，加强对母亲产前和产后护理、子女疾病预防、疫苗接种、结核病防治等方面的培训，加强普及营养学知识，提倡纯母乳喂养、科学辅食喂养和营养剂补充，加强对5岁以下儿童的发育监测，为最贫困人口提供现金和食品补助。

科特迪瓦政府自2013年起试行"全国家长教育计划"，旨在制定全国一致性、全面性的家长教育指导方针，以提高0—8岁儿童的生存发展质量。"全国家长教育计划"的目的是通过培养家庭和社区在儿童早期教育方面的知识和技能，提高0—8岁儿童的受教育水平。在地区一级，该计划依靠来自国家教育部委和非政府组织的人员来承担社区相关工作。该计划自2013年起在布纳、马恩、吉格洛、圣佩德罗和奥迭内等地区试行。

（三）加强与国际组织合作

联合国驻科特迪瓦代表卡姆珀表示，科特迪瓦学童面临的主要挑战之一是缺乏教室。截至2019年，科特迪瓦还需要15 000间教室，才能满足失学儿童的需求。[1] 2019年7月29日，联合国儿童基金会宣布，该基金会与

---

[1] 数据来源于科特迪瓦当地报纸7info。

哥伦比亚社会企业"塑料理念"合作,在科特迪瓦建造了首家将塑料废物转化为模块塑料砖的工厂,将这种易于组装、耐用且低成本的砖用于建造急需的教室。[1]

---

[1] 资料来源于联合国儿童基金会官网。

第五章 基础教育

科特迪瓦积极探索适合本国的基础教育体系，采取了一系列措施提高教育质量与普及率，逐渐形成了富有本国特色的基础教育制度，为国家人才培养奠定了基础。

第一节 基础教育的发展和现状

一、基础教育的发展

（一）殖民时期的基础教育

1887年，科特迪瓦第一所正式的法语学校在该国南部的埃利马成立。1890年起，几内亚湾沿岸的雅克维尔、大巴萨姆、莫苏、塔布和贝蒂埃也相继建立了乡村学校。20世纪50年代，科特迪瓦先后建立起公立小学、私立小学和教会小学等不同性质的学校。

科特迪瓦的中学教育初设于20世纪40年代末。在此之前，科特迪瓦中学生只能去法属西非行政首都达喀尔就读。男生就读于威廉·庞蒂中学，女生就读于鲁菲斯克青年师范学校。1946年，在科特迪瓦制宪议会议员、未来开国元勋费利克斯·乌弗埃-博瓦尼的推动下，148名科特迪瓦学生前往法国学习中学课程。

（二）独立后的基础教育

科特迪瓦独立后仍然保留了法国殖民时期的教育体制，并在此基础上根据本国国情加以完善。科特迪瓦的基础教育在这一阶段得到了飞速发展。

根据该国法律规定，6—16岁儿童必须完成小学和初中阶段的义务教育。自20世纪70年代起，小学教育的毛入学率为59%，1980年达到了75%。20世纪80年代，受到国家危机的影响，小学入学率在1990年下降到了67%。此后，政府逐渐调整国家方针和策略，给予基础教育政策扶持，基础教育毛入学率在1996年基本恢复到危机前水平，达到71%。[1]科特迪瓦的中学教育也得到了较大程度的发展，国家迅速建立了一大批同时接收男女生的中学，推动了义务教育阶段的性别平等。

二、基础教育的现状

（一）小学教育现状

1. 学制与机构

科特迪瓦小学教育学制为6年，分为预备班、初级班和中级班3个学

---

[1] 数据来源于以法语为共同语言的国家教育部长会议1998年会议报告。

段，每个学段周期为 2 年。学生完成学业后获得小学毕业证书，之后进入普通或职业中学学习。小学正式入学年龄为 6 岁。

根据科特迪瓦国民教育与扫盲部公布的 2022—2023 学年小学教育年鉴的数据，科特迪瓦全国共有 19 470 所小学，相比于 2021—2022 学年上涨 2%，其中公立小学 15 401 所，私立小学 3 431 所，社区小学 638 所；共有教室 105 004 间，相比于 2021—2022 学年上涨 2%，其中公立小学有 82 126 间，私立小学 21 650 间，社区小学 1 801 间；共有学生 4 273 069 人，相比于 2021—2022 学年上涨 0.5%，3 406 700 人在公立小学就读，815 601 人在私立小学就读，50 768 人在社区小学就读，其中女生为 2 080 467 人，占小学生总人数的 46.7%；共有教师 105 502 人，相比于 2021—2022 学年上涨 3.8%，82 715 人就职于公立小学，21 080 人就职于私立小学，1 707 人就职于社区小学，其中女性教师 39 087 人，占教师总数量的 37%。[1]

从地域分布来看，7 637 所学校位于城市地区，占全国所有学校数量的 39%，其中公立学校 4 833 所，私立学校 2 753 所，社区学校 51 所。城市地区拥有 46 143 间教室，占全国所有教室总量的 44%，其中公立小学拥有教室 27 626 所，私立小学拥有教室 18 260 所，社区学校拥有教室 257 所。城市地区小学生数量为 2 117 657 人，占全国小学生总数的 49.6%，其中在城市地区接受小学教育的女生数量为 1 056 523 人，占城市地区小学生数量的 49.9%。城市地区小学的教师总数为 49 295 人，占全国小学教师的 46.7%，其中小学地区女教师数量为 23 825 人，占城市地区小学教师总量的 48.3%。[2]

从学校性质看，公立小学数量最多，比重最大，远超私立小学和社区小学。社区小学数量最少，仅占 3%，如图 5.1 所示。

---

[1] 数据来源于科特迪瓦国民教育与扫盲部报告。
[2] 数据来源于科特迪瓦国民教育与扫盲部官网。

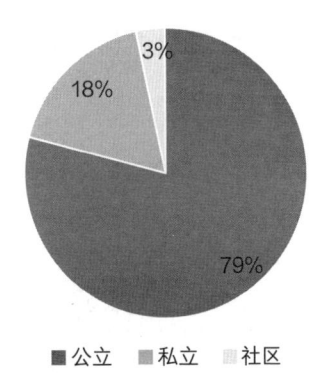

图 5.1 科特迪瓦不同性质小学占比情况 [1]

从总体人数看，科特迪瓦小学生的性别平等基本得到了保障，男生略多于女生（见图 5.2）。

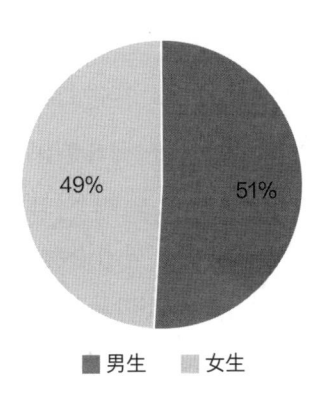

图 5.2 科特迪瓦小学生性别占比情况 [2]

从教学资源分配来看，科特迪瓦公立小学数量多，可使用的教室数量多，招生人数也多。社区学校发展缓慢，教育资源紧缺。城市地区学校数量虽少，但是提供的教学机会更多，学校饱和度较高。农村地区虽然学校

---
[1] 数据来源于科特迪瓦国民教育与扫盲部官网。
[2] 数据来源于科特迪瓦国民教育与扫盲部官网。

数量多,但是教育条件十分有限,图 5.3 为科特迪瓦城市和农村地区的小学数量情况。

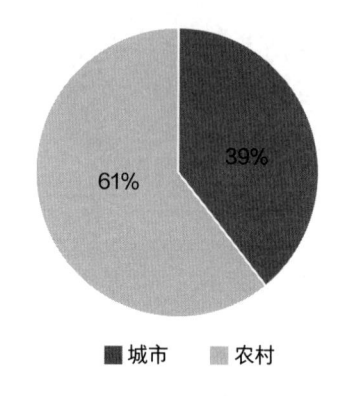

图 5.3 科特迪瓦小学城乡占比情况

2. 教育课程

小学课程面向 6—11 岁的儿童,对其进行多领域培养,包括语言、科技、社会科学、艺术和体育。[1] 根据科特迪瓦国民教育与扫盲部的官方规定,小学毕业的学生应当在以上课程分别达到如下目标。

语言:能够正确的口语表达,能够写出语法正确的文本。

科技:对基本的动植物有一定的认识和了解;会使用简单的技术工具;会正确使用电和电器;认识数字,包括十进制数字和分数;能够进行基本运算;认识几何图案;认识并使用度量单位(长度、宽度、面积、容积等)。

社会科学:了解并遵守科特迪瓦国家基本原则和民主制度;了解人权相关内容;了解并遵守社会价值观和道德观;了解公共卫生守则,保护环境等;了解国家历史、地理基本情况;能够解释科特迪瓦传统社会组织模式;了解 15 世纪至今的科特迪瓦历史,包括科特迪瓦地理、人文和经济状况。

---

[1] 资料来源于科特迪瓦国民教育、技术教育与职业培训部 2019 年发布的报告。

艺术：制作基本的手工作品；歌词旋律的记忆与复述；身体节奏律动；艺术品欣赏。

体育：了解体育活动中所展现出的国家文化遗产；掌握基本的锻炼方式。

从课程设置上来说，小学教育比较注重儿童的全面发展和素质拓展，对于儿童基本的语言、算术、艺术、体育和社会认知技能均有涉猎。

（二）中学教育现状

1．学制与机构

科特迪瓦普通中等教育第一阶段为初中，为期 4 年，学业完成后获得初中学业证书。普通中等教育的第二阶段为高中，为期 3 年，毕业后可获得高中文凭。普通高中教育包括文学方向和自然科学方向，最早从二年级开始划分专业。

科特迪瓦公立中学仅占全国中学总数的 22%，私立中学的数量几乎是公立中学的 3.5 倍。在私立学校就读的学生比例高达 62%，数量是公立中学学生的 1.6 倍。这表明私立机构在科特迪瓦中等教育中占据重要地位，但是私立中学的平均饱和度低于公立中学，公立中学利用率高于私立中学。根据科特迪瓦国民教育与扫盲部公布的 2022—2023 学年中学教育年鉴的数据，全国共有普通中学 3 430 所，相比于 2021—2022 学年上涨 13.4%，其中公立中学 755 所，私立中学 2 675 所（见图 5.4）。

全国共有中学教室 53 990 间，相比于 2021—2022 学年上涨 8.9%，其中公立学校教室 15 386 间，私立中学教室 38 604 间。全国共有中学生 2 430 391 人，相比于 2021—2022 学年上涨 1.6%，女生为 1 164 012 人，占 47.9%，性别比例基本平衡。全国共有中学教师 79 785 人，相比于 2021—

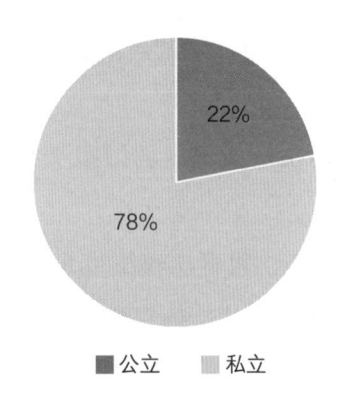

图5.4　公立和私立中学占比情况

2022学年上涨0.5%，其中公立中学教师28 276人，私立中学教师51 509人。所有教师中女性教师的比例仅为14.9%，人数为11 850人，其中5 509人在公立中学工作，6 341人在私立中学工作。公立私立中学女性教师数量差别较小。[1]

全国共有初中学生1 827 686人，695 261人就读于公立初中，1 132 425人就读于私立初中（见图5.5）。全国初中女生共889 885人，占全体初中生48.7%。其中348 822人就读于公立初中，541 063人就读于私立初中。[2]

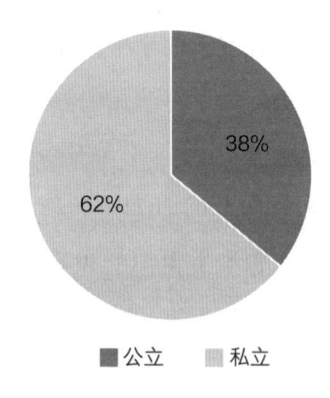

图5.5　公立和私立初中学生占比情况

---

[1] 数据来源于科特迪瓦国民教育与扫盲部官网。
[2] 数据来源于科特迪瓦国民教育与扫盲部官网。

全国共有高中生 602 705 人，219 142 人就读于公立高中，383 563 人就读于私立高中。全国共有高中女生 274 127 人，占全体高中生 45.5%。其中 95 237 人就读于公立高中，178 890 人就读于私立高中。[1]

从地域分布来看，科特迪瓦的学生数量和学校数量地区分布极不平均。全国 27.2% 的中学生就读于阿比让地区，为全国之最。中学大多位于经济较发达的城市。

2. 中学课程设置

中学课程设置更为丰富，对学生需要掌握的技能均有明确规定，包括语言、历史、地理、数学、物理、化学、哲学、生命与地球科学等。

语言：学生必须学习法语，此外，还可以辅修选择西班牙语、英语和德语。在高中结束后，学生需要能够用法语熟练地进行听说读写，对法语文化知识有全面了解。其他语种根据学习的年限和阶段有不同规定。[2]

历史：了解 1945 年至今的历史演变，学习非洲国家的反殖民及独立历史，探讨当代社会的信仰与价值观。[3]

地理：了解科特迪瓦的自然资源分布，探讨科特迪瓦的经济产业及发展路径，了解经济合作与区域重组趋势及重要国际组织。[4]

数学：学生能够独立完成所有数学计算；掌握并使用函数与几何相关知识；学习数据的组织和处理；了解概率论。[5]

物理：学习力学相关知识；了解并能够利用电磁感应处理相关问题；

---

[1] 数据来源于科特迪瓦国民教育与扫盲部官网。
[2] 资料来源于 2019 年科特迪瓦国民教育、技术教育与职业培训部发布的《语言学科教育计划与执行指南》。
[3] 资料来源于 2019 年科特迪瓦国民国民教育、技术教育与职业培训部发布的《历史与地理学科教育计划与执行指南》。
[4] 资料来源于 2019 年科特迪瓦国民教育、技术教育与职业培训部发布的《历史与地理学科教育计划与执行指南》。
[5] 资料来源于 2019 年科特迪瓦国民教育、技术教育与职业培训部发布的《数学学科教育计划与执行指南》。

掌握并应用电学相关知识。[1]

化学：学习酒精、化合物、胺等相关知识，掌握关于酸及酸碱平衡的相关技能。[2]

哲学：具备批判精神，掌握哲学基本概念。[3]

生命与地球科学：了解生物、地理、生态、环境现象；具备基本实验技能；有保护环境的意识与行为。[4]

与小学教育相比，中学教育在各门学科上都做得更为细致、精确。科特迪瓦中学教育注重国际化，除了官方语言法语外，也努力推广全球通用语言英语和在非洲广泛使用的西班牙语，德语也是国家推荐学习的语言。科特迪瓦注重国际交流，基本涵盖了欧洲、美洲和非洲所有的主要国家。科特迪瓦中学阶段效仿欧美国家，尤其是法国，所以在教育制度和教学内容方面与这些国家高度相似。

---

[1] 资料来源于2019年科特迪瓦国民教育、技术教育与职业培训部发布的《物理与化学学科教育计划与执行指南》。

[2] 资料来源于2019年科特迪瓦国民教育、技术教育与职业培训部发布的《物理与化学学科教育计划与执行指南》。

[3] 资料来源于2019年科特迪瓦国民教育、技术教育与职业培训部发布的《哲学学科教育计划与执行指南》。

[4] 资料来源于2019年科特迪瓦国民教育、技术教育与职业培训部发布的《生命与地球科学学科教育计划与执行指南》。

第二节 基础教育的特点和经验

一、基础教育的特点

（一）基础教育学科全面化

科特迪瓦受法国殖民影响，法语在科特迪瓦教育中占据重要地位，也是科特迪瓦基础教育阶段语言教育的重点。作为多民族、多语言国家，科特迪瓦也有自己的本土语言。科特迪瓦政府将各类语言教学融入教育体系中，既保持了与法国和其他非洲法语国家在教育方面的合作，也保留了自身的特色。

科特迪瓦的基础教育涵盖了广泛的学科，包括语言、数学、物理、化学、生物、历史、地理、艺术和体育等，确保学生在智力、体力和艺术修养等各方面得到全面的发展。学生在基础教育阶段可以根据自身兴趣和需要选取相应的课程，为高等教育阶段的学习做充足准备。这种全面化的学科设置不仅提升了学生的综合素质，而且培养了他们的多元化兴趣和能力，为未来接受高等教育打下了坚实基础。这说明科特迪瓦已经深刻认识到学科多样性和教育全面性对于人才培养的重要性和必要性。

（二）基础教育主体多元化

在科特迪瓦，公立学校和私立学校都是基础教育的重要提供者。从数量上看，公立学校多于私立学校。私立学校的教学条件优于公立学校。私立学校的快速发展能够缓解公立学校机会有限、地域分配不均的问题，覆盖更多科特迪瓦学龄儿童。此外，非政府组织和国际机构也在科特迪瓦的基础教育中扮演着重要角色，它们通过提供资金、师资培训等教育资源，进一步促进了科特迪瓦基础教育的普及和质量提升。家庭在教育中的参与也非常重要，家长们被鼓励积极参与到教育过程中，尊重和支持学校的教育工作。这种多元化的教育主体共同努力，确保了更多科特迪瓦儿童获得公平和高质量的教育机会。

（三）学龄女童基础教育普及率提升

根据现有数据来看，学龄女童基础教育普及率稳步提升，这对于实现联合国可持续发展目标中的"性别平等"有重要意义。在入学机会上，政府努力确保学龄女童和男童拥有同样的入学机会，并且加强对家长意识的培养，从国家和家庭两个层面提高性别平等意识，尽可能保障适龄女童进入学校完成义务教育。

二、基础教育的经验

（一）大力推行义务教育

与其他非洲国家相比，科特迪瓦在基础教育入学方面存在着严重的不平等问题，尤其是在贫困地区，儿童失学率极高，科特迪瓦国内的社会差距也因此加剧。2001年起，基础教育学校取消了注册费，但是失学现象仍然未得到有效缓解。2014年约有145万6—15岁儿童失学，其中多为生活在北部农村地区家庭的女童。科特迪瓦国民议会于2015年9月20日通过了教育法修订案，该法案规定6—16岁儿童必须接受义务教育。从2015—2016学年开始，科特迪瓦政府对6—16岁的儿童实行义务教育，学生需要在此期间学习基础知识和技能。

义务教育不仅对于基础教育意义重大，对于国家实现扫盲目标也有极大的促进作用。科特迪瓦政府选择从源头上杜绝儿童文盲的可能性，减轻成年人扫盲的负担，推动实现教育和国家的可持续发展。

（二）加强基础教育领域的国际合作

自 2021 年科特迪瓦在联合国支持下组织了国家教育和扫盲全国大会以来，科特迪瓦对其教育部门进行审查，以制定应对教育挑战的可持续解决方案。为实现 2030 可持续发展目标 4——确保包容和公平的优质教育，让全民终身享有学习机会，科特迪瓦政府确定了 42 项教育系统关键改革，包括终身学习、成人扫盲、促进职业培训等。

为实现这一愿景，联合国和世界银行制定了一项联合计划，优先改善科特迪瓦的教育状况。该联合计划经科特迪瓦教育部批准，由全球教育伙伴关系组织资助，这一联合倡议总筹集近 1.1 亿美元，通过提高科特迪瓦基础教育阶段学生的学习成绩，促进新技术的使用，并加强教育管理来改善科特迪瓦的基础教育，从而实现提高科特迪瓦人力资本的长期目标。

此外，联合国相关机构于 2023 年在科特迪瓦建造了 100 多间新教室，一定程度上缓解了科特迪瓦学校硬件资源短缺的压力，为更多儿童提供了良好的学习环境。在学生健康方面，联合国加大了对科特迪瓦学校供餐计划的支持力度，分发了 220 多万吨食品，惠及 13.5 万多名儿童。联合国还为科特迪瓦制定国家远程教育战略提供了支持。[1]

---

[1] 数据来源于联合国 2023 科特迪瓦年度成果报告。

(三)注重国际交流

科特迪瓦是一个多民族多语言国家,法语是其官方语言。从基础教育阶段开始,科特迪瓦政府重视学龄儿童语言技能的提升。除了法语课程学习,还适当纳入其他通用语种的学习。科特迪瓦近些年来建立了一些英文小学,例如阿比让国际英文学校,旨在从教育初期提升学生的多语能力。

第三节 基础教育的挑战和对策

一、基础教育的挑战

(一)区域发展不平衡

农村地区与城市地区的基础教育水平存在显著差异。城市地区的教育资源相对丰富,学校设施和师资水平较高,而农村地区的教育条件相对较差,教育资源不足,学生辍学率高。城市之间也存在差异,基础教育机会和资源更多集中在阿比让等发达地区,导致其他地区"教育荒漠"的情况加重,教育资源不足,文盲率居高不下,地域差异拉大,教育不平衡问题进一步加剧,不利于全国教育目标的实现。

(二)私立学校不规范

从科特迪瓦国家统计数据可以看出,科特迪瓦私立学校在基础教育中占据重要地位,但是国家对于私立学校的监管有限,其教学质量与规范性难以得到保障。私立学校数量虽多，但是教学水平参差不齐，影响了科特迪瓦整体教育质量的提升。

（三）性别比例不均

性别比例不均和校园暴力是科特迪瓦基础教育的重大挑战。科特迪瓦小学女性教师人数少，2023 年为 39 087 人，占比仅为教师总人数的 37%。[1] 30 315 名女性教师在公立小学任教，其身份构成较为复杂，有公务员、实习生、志愿者、合同工、长聘人员和非长聘人员。这种教师构成的复杂性导致了教师质量参差不齐，教学完整性低。男女教师的比例相较于男女学生的比例略微失衡。此外，从年级和性别分布来看，虽然女生在各年级的比例接近 50%，但女生在所有小学年级的人数都低于男生（见图 5.6），反映了科特迪瓦基础教育中的性别差异问题。

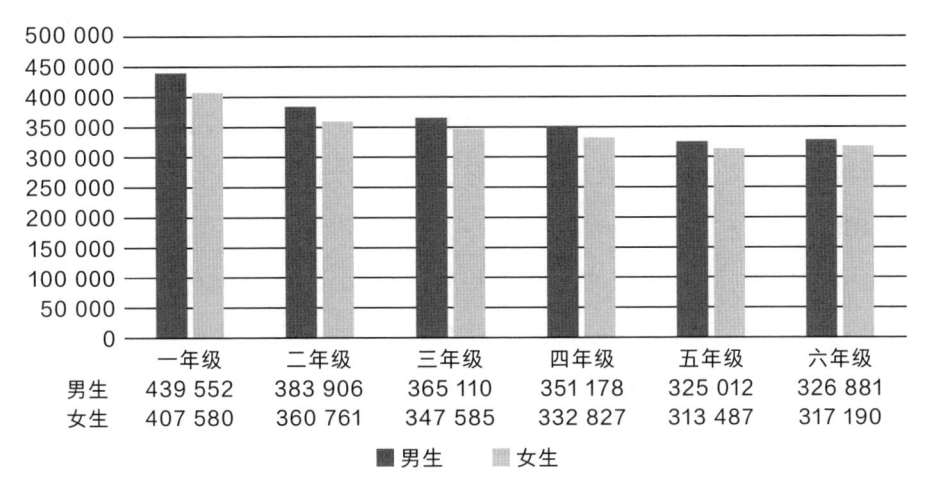

	一年级	二年级	三年级	四年级	五年级	六年级
男生	439 552	383 906	365 110	351 178	325 012	326 881
女生	407 580	360 761	347 585	332 827	313 487	317 190

图 5.6 科特迪瓦小学生各年级男女生人数 [2]

---

[1] 数据来源于科特迪瓦国民教育与扫盲部 2022—2023 学年中学教育年鉴。
[2] 数据来源于科特迪瓦国民教育与扫盲部 2022—2023 学年中学教育年鉴。

（四）教育基础设施落后

科特迪瓦的教育基础设施普遍落后，仍然有许多学校无法满足基本教学需求。在全国的 3 430 所普通中学中，公立中学 755 所，私立中学 2 675 所，其中 11.1% 的学校没有饮水点。15.2% 的学校没有通电，27.9% 的公立学校和 11.6% 的私立学校面临该问题。35.8% 的学校没有围墙，49.1% 的公立中学和 32% 的私立中学存在该问题。10.3% 的中学没有为学生提供功能性洗手间，38.3% 的公立中学和 2.4% 的私立中学存在该问题。22% 的学校没有洗手台，41.7% 的公立中学和 16.5% 的私立中学存在问题。74% 的学校没有多媒体教室，67% 的公立学校和 76% 的私立学校面临该问题。除了多媒体教室，科特迪瓦私立学校在基础设施建设上略优于公立学校，但整体情况仍需改善。[1]

（五）留级率高

留级率高也是科特迪瓦基础教育的一个重要问题。小学阶段 2—4 年级的留级率最高。2022—2023 学年共有 598 653 名学生留级，其中城市地区 249 827 人，农村地区 348 826 人，农村地区的留级率高于城市地区。留级学生中 275 643 人为女生，占所有留级学生的 46%。考虑到女生入学率低于男生，这可以说明女生在获得教育资源后，学业表现略优于男生，但农村地区的女生留级率仍然偏高。

在中学教育阶段，科特迪瓦高中生占全国中学生比例较低，大部分的中学生集中在初中教育阶段，初中毕业后进入高中的学生数量锐减（见图 5.7）。

---

[1] 数据来源于科特迪瓦国民教育与扫盲部 2022—2023 学年中学教育年鉴。

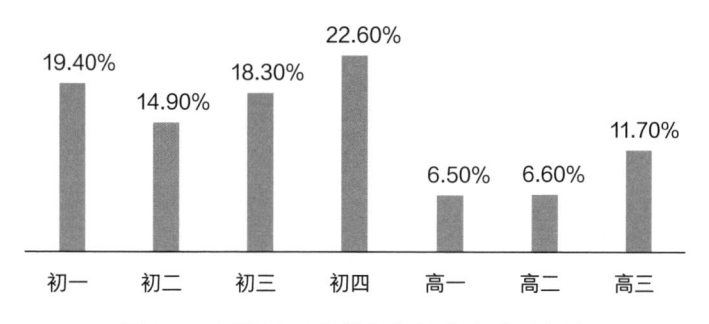

图 5.7 科特迪瓦中学各年级学生数量占比

与此同时，从留级率来看，整个中学教育阶段共有 188 251 名留级学生，其中女生 88 596 人，占所有留级中学生的 47.1%。初中留级人数 123 426 人，女生 60 260 人，占 48.8%。高中留级人数 64 825 人，女生 28 336 人，占 43.7%。这表明中学男生在学业表现上略低于中学女生。[1]

（六）教室利用率不高

科特迪瓦教室的利用率不够高，影响了教学资源的有效配置。在全国 3 430 所学校的 53 990 间教室中，46 876 间教室用来理论课学习，4 652 间教室用作实验室，1 336 间用作功能性教室，1 254 间用作其他用途。理论课教室所占比重偏大，而其他用途教室的具体用途不明确，存在教室闲置和浪费的情况。[2]

---

[1] 数据来源于科特迪瓦国民教育与扫盲部 2022—2023 学年中学教育年鉴。
[2] 数据来源于科特迪瓦国民教育与扫盲部 2022—2023 学年中学教育年鉴。

二、基础教育的对策

（一）均衡分配区域教育资源

针对各地区发展不平衡问题，科特迪瓦政府计划在经济欠发达地区加大投入比例，建设校园和配备教育基础设施，并鼓励更多的教师前往经济欠发达地区就业。政府将实施专项资金支持计划，优先发展农村地区和落后地区的教育基础设施建设，包括学校建筑、教室、图书馆、实验室等硬件设施的提升。同时，还将提供相应的激励措施，如提供住房补贴、交通补贴和晋升机会，吸引优秀教师和教育管理人员到这些地区工作。此外，政府将加强与非政府组织和国际机构的合作，共同推进区域教育均衡发展，通过援助和合作项目，为欠发达地区提供更多的教育资源和技术支持。通过这些措施，逐步缩小城乡教育差距，提高农村和落后地区学生的入学率和教育质量，实现教育公平。

（二）提高基础教育规范性

针对私立学校不规范问题，科特迪瓦拟加强对私立中学的管理，提高其规范性。政府提出了公立私立合作伙伴关系制度，即公立学校与私立学校在教育资源提供、教师分配等方面进行资源共享，以缓解公立学校数量少但是需求大的矛盾。政府监管私立学校学费和注册费标准，对于超过国家学费注册费规定上线的学校进行通报；加强对私立学校创始人的监管，确保学校成立的初衷是为了向适龄儿童提供教育机会；开展宣传活动，防止学生参与违法犯罪和毒品活动，并对学生进行安全教育；定期、有计划地访问学校，以监督学校遵守国家发布的相关教育政策；定期对私立学校教师进行培训等。

（三）加强家庭参与度

科特迪瓦拟成立学生家长联合会，保证学生父母充分参与到孩子的基础教育中。学生家长联合会将定期举行会议和活动，讨论和分享教育经验，提供家庭教育指导。同时，家长将参与学校管理和监督工作，帮助改善学校教学质量和校园安全。政府还计划推出家庭教育培训项目，提升家长的教育水平和参与能力，确保他们能够有效支持孩子的学习和成长。此外，政府将通过媒体宣传和社区活动，增强家长对基础教育的重视和参与意识，形成家校合作的良好氛围，共同推动基础教育的发展。通过这些措施，科特迪瓦希望建立一个更加紧密的家校合作机制，促进学生的全面发展。

第六章 高等教育

科特迪瓦高等教育深受法国殖民时期高等教育体制影响，主要体现在学制、教育模式和管理方式等方面。从学制上看，科特迪瓦的高等教育分为本科教育、硕士教育和博士教育三个等级，整体学制结构与法国相似，强调系统的学术训练和专业知识的积累。从教育模式上看，科特迪瓦的高等教育以课堂讲授为主，辅以实践教学和科研活动，高度重视理论知识的传授和科研能力的培养。从管理方式上看，科特迪瓦高等教育的管理方式集中且规范，由专门的高等教育与科学研究部负责执行和监督高等教育和科学研究相关政策，确保教育资源的有效利用和教育质量的持续提升。科特迪瓦重视高等教育的发展，通过实施多种举措来加强科学研究和国际合作。这不仅促进了国家发展，也成为科特迪瓦消除贫困的有效手段。[1]

---

[1] 资料来源于科特迪瓦高等教育与科学研究部官网。

第一节 高等教育的发展和现状

一、高等教育的发展

在科特迪瓦独立之前,科特迪瓦国内的高等教育机会极为有限。由于缺乏高等教育机构,许多科特迪瓦的学生不得不出国深造,尤其是前往法国继续学习。而后,随着科特迪瓦摆脱殖民统治,国家对本土教育机构的需求日益增长,来培养能够推动国家治理和发展的专业人才。因此,科特迪瓦独立后迅速着手建立本土的高等教育体系,以满足国家建设对高技能人才的迫切需求。1958年,科特迪瓦共和国政府计划在经济首都阿比让建立高等教育体系。1959年,阿比让高等教育中心成立,其中包括法学院、理学院和文学院。1964年,阿比让大学(现费利克斯·乌弗埃-博瓦尼大学)创建,由高等教育中心的三个学院和新增的医学院组成。1966年,理学院成为独立学校,1967年医学院独立,1969年法学院独立,1971年文学院独立。1973年,牙科口腔医学院成立,1977年,药学院成立。

科特迪瓦的高校科研机构逐步建立。1966年,阿比让大学成立了民族社会学研究中心和热带地理研究中心,随后发展成为高校研究所。随后又成立了热带生态研究所,应用语言学研究所,视听教学和研究中心,非洲历史、艺术和考古研究所以及科特迪瓦经济和社会研究中心。所有这些机构最终合并为阿比让大学研究与发展中心。除此之外,阿比让大学还成立了犯罪学研究所、外国学生法语研究中心、科特迪瓦法律研究中心。

1967年,技术大学学院成立,设有商业和企业管理系、应用心理学系、技术心理学系、医学分析实验室、机电系和应用化学系。1974年,这些系与其他技术学校合并为国家高等技术教育学院。此外,负责科技发展的部门也相继成立大学,例如,国民教育部成立了高等师范学院,农业部成立了国立农学院，公共工程部成立了国立公共工程高等学校，公共服务部成立了国家行政学院，工业部成立了统计学院，工信部成立了国立高等邮政电信学院，国安部成立了国立警察学院。

2006—2007年，科特迪瓦共有42所公立学校，其中包括3所大学、2所地区高等教育单位、3所大学校[1]、33所专业培训学校和143所私立学校，其中包括17所大学和126所大学校，75%的私立学校集中在阿比让地区。学生人数为156 772人，141 149名学生在公立学校就读，占学生总数的90%，15 623名学生在私立学校就读，占学生总数的10%。[2]

世界银行2017年发布的数据显示，从招生数量看，私立大学招生数量最少，2012—2013学年共7 813名，2013—2014学年上涨至9 232名，在2014—2015学年达到9 453名。公立大学与私立大学校招生数量基本持平，2012—2013学年、2013—2014学年和2014—2015学年，公立大学与私立大学的招生数量比例相对稳定，分别为52∶48，56∶44和51∶49。[3]

从学生总数上看，2012—2013学年至2014—2015学年，高等教育入学率平均增长了约7%。从2012—2013学年的约17万名学生增至2013—2014学年的17.7万人，2014—2015学年增加到19.3万人。[4]

二、高等教育的现状

（一）"学士-硕士-博士"制度

科特迪瓦近些年来致力于培养本国优秀的学者、研究人员和研究团队，

---

[1] 大学一般是指综合性大学，学科较多，而大学校更加注重某一类专业的发展，入学考试更为严格。
[2] 数据来源于科特迪瓦高等教育与科技部官网。
[3] 数据来源于世界银行与法国开发署于2017年12月发布的报告。
[4] 数据来源于世界银行与法国开发署于2017年12月发布的报告。

鼓励他们参与国际科学交流。科特迪瓦参考了法国"学士–硕士–博士"的学术体系，并以欧洲国家通过的《博洛尼亚宣言》为原则进行国际合作，使得在科特迪瓦获得的学位具有国际通用性。

"学士–硕士–博士"制度的基本目标是鼓励学生获得更高的学历，提高高等教育的专业化程度，扩大所提供课程的范围，从而使其更具吸引力，并融入国际高等教育领域。其目的是保证人才就业，确立高等教育机构的自主权和责任。

该制度采用三层学位体系，每个层次对应一个大学学位。

第一层次为学士学位。学生需要在3年内完成本科课程，获取学士学位。科特迪瓦大学本科现已基本覆盖全部学科专业和生产活动领域。第一年的培养目标注重学生对基础知识的学习，学生需要掌握某一学科的基本理论知识和研究方法。第二年，学生根据个人情况选择合适的方向，通过学习必修课程和选修课程，加深对所选方向的理解和认知。第三年，学生进一步加深专业学习，须对所选择的科目进行更深入的研究，在学业完成后获得普通学士学位或专业学士学位。普通学士学位主要侧重于学术理论教育，旨在为学生提供进一步攻读硕士或博士学位的基础知识。专业学士学位旨在为学生提供快速进入劳动力市场的实践技能和专业知识。课程包括实习和实践项目，针对企业的具体需求进行培训。毕业生可以胜任特定行业的技术或管理岗位，能够直接满足企业的用人需求。

第二层次为硕士学位。学生在完成普通学士学位或专业学士学位后，可以攻读学术研究型硕士或专业型硕士。硕士学位课程以为学生提供科研平台和就业导向为目标。学生需完成2年的研究生课程后申请获得硕士学位。

第三层次为博士学位。博士阶段通过科学研究培养科研能力，学生在获得硕士学位后需要至少3年时间才能获得博士学位。不同学科培养方案要求不同，但是都聚焦于科研水平的提升与知识产出。

（二）科特迪瓦高等教育机构

1. 大学

科特迪瓦最著名的大学是以科特迪瓦国父的名字命名的费利克斯·乌弗埃-博瓦尼大学。学校位于经济首都阿比让市东部的科科迪镇。该校占地约205公顷，包括13个教学和研究单位，2个独立的研究中心，1个继续教育学院，14个研究所和研究中心。全校共有141座建筑，2 226名教学科研人员，145名全职研究人员，约781名行政管理人员和60 189名学生。[1]

科特迪瓦另一所重要的大学是以现任总统名字命名的阿拉萨内·瓦塔拉大学。阿拉萨内·瓦塔拉大学包括4个教学和研究单位，3个研究机构和中心，1所继续教育学院，262名教学人员，319名行政和技术人员和大约30 000名学生。[2] 该大学的专业设置主要集中在法学、哲学和社会科学、语言学与传播学和经济管理学等。

南吉·阿布罗瓜大学是一所以理工类学科为基础的学校，共有4个教学和研究单位，1所健康科学预备学校，3个研究机构和中心和1所继续教育学院。目前在校人数5 000人，主要专业有数学、计算机科学等基础学科和物理学、化学和生物科学等实验科学，同时设有医学、药学和口腔学。

让·洛鲁格农·盖德大学于2012年正式成立，主要培养环境科学方面的人才，在农林、水和环境工程、采矿资源、植物和食品生物技术等领域支持当地的发展需求。该大学目前有3个校区，总面积为415公顷，教学活动主要在达洛亚、瓦瓦乌阿校区开展。[3]

马恩大学于2015年，主要培养科技管理人员和地方、农村与社区发展的专业人才。主要专业有地球和大气科学、采矿、能源、冶金学、机械学和工

---

[1] 数据来源于费利克斯·乌弗埃-博瓦尼大学官网。
[2] 数据来源于科特迪瓦高等教育与科学研究部官网。
[3] 数据来源于科特迪瓦高等教育与科学研究部官网。

业维修、生命健康科学、数学、物理学、化学和计算机科学以及材料科学。

贝利福罗·格邦·库利巴利大学位于科特迪瓦的科霍戈镇，其前身是成立于1996年前布瓦凯大学的科霍戈地区高等教育机构。该校以促进科特迪瓦的农牧业为己任，同时也关注地方和社区发展，其主要院系有航天学院、人文社科学院、生物学院和文学艺术学院。

2．公立大学校

公立大学校通过严格的选拔考试招收学生并提供高水平教育。区别于公立大学，公立大学校在专业设置上相对单一，专业聚焦性更强。

阿比让高等师范学院于1964年1月成立，并经1972年4月13日第72-252号法令和1993年8月19日第93-694号法令修订，确定了其权力、组织和运作模式，其职责是为国家培养教师，并为外交或私营部门提供咨询和培训服务。阿比让高等师范学院有教育科学系、语言系、文学和艺术系、历史与地理系和科学技术系等。

费利克斯·乌弗埃-博瓦尼国立理工学院于1996年9月4日成立，由国立高等农艺学院、国立高等公共工程学院、布瓦凯农业学院和国立高等技术学院重组而成。这4所学院通常被称为亚穆苏克罗大学校。国立理工学院的职责是为工业、商业、行政、土木工程、矿采和地质领域的高级技术人员提供不同阶段的教育和培训，为技术工程师和设计工程师提供文凭课程和资格课程，开展上述领域的应用研究并为企业和行政部门提供援助。目前费利克斯·乌弗埃-博瓦尼国立理工学院由7所大学校组成，分别是预科学院、公共工程高等学、矿业与地质高等学校、工业高等学校、农学高等学校、阿比让高等商学院、继续教育和行政培训学院。

此外，国家高等应用经济和统计高等学院和国家职业技术教育学院也是科特迪瓦2所重要的公立大学校。

3. 私立机构

科特迪瓦的私立高等教育机构分为三类：私立大学、私立大学校和国际学校。

私立大学提供全面的学术课程，涵盖本科、硕士和博士阶段，旨在提供高质量的教育，培养具备广泛知识和研究能力的毕业生。西非天主教大学、科特迪瓦科技大学和耶稣会大学均是科特迪瓦私立大学的典型代表。

私立大学校通常专注于特定领域的职业和技术教育，旨在培养具有实用技能的专业人才。在2022年的科特迪瓦私立高等教育评估中，Loko集团以优异的成绩名列前茅，其所管辖教育机构涵盖高等技术学校、光学高等培训学院、高等先进技术学校等。[1]

科特迪瓦还有许多国际学校，如阿比让波尔多管理学院、科特迪瓦瑞士UMEF大学等，这些学校通常采用国际课程体系，提供全球认可的学历，以吸引本地和国际学生。

第二节 高等教育的特点和经验

一、高等教育的特点

（一）高等教育机构多样化

科特迪瓦的高等教育尤其强调人才培养与市场需求的联系，有许多基

---

[1] 资料来源于Loko集团官网。

于市场需求设计的课程和专业。在科特迪瓦的高等教育体系中，大学、职业技术院校承担了不同类型的人才培养和科学研究工作。公立大学主要关注研究和理论教育，通常享有政府资助，能够提供广泛的学科和专业教育。私立大学和职业技术学院则更加注重职业培训和对实用技能的培养，通过与企业合作，提供贴近市场需求的课程。这样既能满足学生的多样化需求，又能充分考虑社会和市场所需，有效提高人才培养质量，培养适应社会和经济发展的多样化人才。

（二）高等教育体系深受法国殖民时期影响

科特迪瓦的高等教育体系深受法国殖民时期的影响。科特迪瓦沿用了法国的教育模式，采用了"学士-硕士-博士"制度。这种制度在很大程度上促进了科特迪瓦与法语国家之间的学术交流与合作，增强了国际竞争力。然而，这种模式也带来了一些挑战，比如需要不断地调整和改进以适应本地的实际情况和全球化的需求。

（三）注重国际合作

科特迪瓦高等教育机构在农业、工业等领域保持着同其他非洲国家，尤其是其他西非法语国家以及欧洲国家、国际组织的合作。例如，科特迪瓦统计与经济学大学与法国国立信息统计与分析学校合作，为非洲法语区学生提供高等教育。这种跨国合作模式不仅提升了科特迪瓦的科研水平，还能不断引进国际先进技术和理念，推动本国经济和社会的持续发展。

（四）重视与私营部门的合作

科特迪瓦高等教育机构积极与私营部门建立合作关系，以确保教育与市场需求的紧密结合。通过与企业的合作，教育机构可以了解市场的最新需求，调整课程内容，提供更具实践性的培训。这种合作模式不仅提高了毕业生的就业竞争力，还促进了技术和知识的应用，有助于推动国家经济的发展。

二、高等教育的经验

（一）逐步提升高等教育普及率

近年来，科特迪瓦政府扩大了高等教育招生数量。根据科特迪瓦高等教育与科学研究部于2022年在费利克斯·乌弗埃-博瓦尼大学举办的研讨会上公布的统计数据显示，2016—2022年，科特迪瓦大学生人数每年增长6.11%。2021年登记注册的大学生人数达273 866人，相较于2016年的203 505人有明显增加。[1]

（二）充分发挥私立机构在高等教育中的作用

私立机构在高等教育体系中发挥越来越重要的作用。2021年，负责高等教育的部长阿达马·迪亚瓦拉在阿比让公布了符合国家要求并获得文凭认可的私立高等教育机构名单。2008—2015年，私立机构的增长速度略快于公立学校，私立机构的毛入学率增长了57%，公立学校增长了55%。这

---

[1] 数据来源于科特迪瓦新闻社官网。

表明在 2008—2015 年，私立院校接收了更多学生。[1] 根据 2019 年科特迪瓦政府统计的高等教育数据，科特迪瓦共有 249 420 名大学生登记注册，其中 45% 的学生在私立高等教育机构就读。[2]

（三）大力提高国际化程度

科特迪瓦政府致力于提高科特迪瓦高等教育的国际化程度。科特迪瓦不论是教育还是科研体系都深受法国影响，本土机构设置参考了法国模式，专业分类清晰，有明确的导向型，与法国的机构进行交流与合作，科学研究与国际接轨。科特迪瓦利用自己在热带作物种植、农业等方面的优势与其他国家合作，吸收世界先进经验。

第三节 高等教育的挑战和对策

一、高等教育的挑战

（一）数字鸿沟问题突出

在全球进入信息化时代后，非洲国家在全球政治、经济、文化和社会多层面参与均不充分，与发达国家差距明显。以科特迪瓦为代表的撒哈拉以南非洲国家目前信息传播和获取仍然很困难。这种相对落后的局面一定程度上会影响科特迪瓦教师和科研人员的工作效率。

---

[1] 数据来源于世界银行与法国开发署于 2017 年 12 月发布的报告。
[2] 数据来源于科特迪瓦政府官网。

2008年，一个法国科研团队在科特迪瓦进行了研究，深入了解了通信技术融入科特迪瓦当地高等教育遇到的困难。共有30名高等教育官员、140名高校教师和1 030名大学生参与了调查。调查结果显示，互联网连接和计算机设备费用过高成为影响当地民众使用数字产品的首要因素。此外，在科特迪瓦高等教育机构中，缺乏对教师和学生使用数字技术的培训，学校并未提供任何有关数字技术使用的课程。科特迪瓦国内不同机构之间也存在差异，学费昂贵的私立院校学生更容易接触到互联网计算机设备，对数字技术的掌握程度较高，公立大学学生接触到设备与技术的机会有限。

（二）高校保障体系缺失

科特迪瓦高等教育体系在硬件设施、教师待遇、法律保障、行政管理等方面都存在较大改进空间，需要政府、教育机构和社会各界的共同努力，以确保高等教育体系的健康发展和持续改进。

首先，科特迪瓦高校的硬件设施不够完备，教学人员办公场所有限。多所高校的教师没有黑板、麦克风和照明设备。教师无法获得基本的教学工具，影响学生的学习效果和教育质量。

其次，科特迪瓦缺乏对高校教师工资和津贴标准的明确规定。2017年，科特迪瓦总统承诺提高教研人员的工资和奖金，但是在落实过程中存在诸多阻碍，部分高校甚至出现拖欠教师工资的行为。工资和津贴标准不明确导致教师工作积极性下降，影响了教学质量和科研产出。工资拖欠的问题更是加剧了教师的不满情绪，影响教师队伍的稳定性。

再次，科特迪瓦高等教育在管理方面也存在一些问题，相关法律法规并不完善。高校管理者与教师脱钩，并不了解教师的实际需求。在教师权益受到侵害时，管理者并不能提供相应帮助。管理不完善导致教师的工作环境和权益得不到有效保障，影响了教师的职业满意度和工作效率。教师虽然可以向高等教育常设委员会提出上诉，但是有些高校并不会遵守该委员会的决定，教师的权益保护机制并不健全。部分私立院校也存在类似问题。

最后，科特迪瓦高等教育机构内部工作效率普遍较低，人员冗余，削弱了整个高等教育系统的运行效率。人员冗余和效率低下导致资源浪费，影响了教育经费的合理使用和分配，进一步制约了教育质量的提升和高等教育的发展。

（三）高等教育质量欠佳

受教育经费所限，科特迪瓦投入到高等教育的预算不足，难以保证科特迪瓦高等教育的正常运作。即使在费利克斯·乌弗埃-博瓦尼大学，由于科研经费和教育经费的短缺，人员积极性难以提高，一定程度上影响了高等教育的发展。此外，科特迪瓦在基础教育阶段存在的问题也一定程度上影响了为高等教育输送人才的数量和质量。受社会发展需求的影响，职业技术院校的就业前景和国家扶持力度更大，对学生的吸引力也更强。

（四）高等教育存在诸多不平等现象

科特迪瓦高等教育机会不均表现在性别差异、经济发展水平差异和地区差异。

首先，性别差异。尽管科特迪瓦的毛入学率与撒哈拉以南非洲毛入学率平均水平一致，但其性别均等指数却较低。科特迪瓦高等教育毛入学率男生高于女生。2008年，高等教育中的男女生的毛入学率分别为7.3%和3.5%。2015年，分别为10.1%和6.7%，女生毛入学率仍然低于男生。科特迪瓦的性别均等指数为0.67，即在接受高等教育的学生中，平均每10名男生对应7名女生。这一比例低于撒哈拉以南非洲国家的平均水平0.78和中等收入国家的平均水平 0.88。这表明科特迪瓦女性接受高等教育的机会仍然受到限制。[1]

其次，经济发展水平影响接受高等教育的机会。2008 年，科特迪瓦贫困人群的毛入学率仅为 0.4%，而最富裕人口的毛入学率约为 14.4%。2009—2015 年，最贫困人口的毛入学率上升了近 2.4%，最富有人口的毛入学率上升了 2.3%。[2] 这表明，尽管最贫困人口的毛入学率上升较快，但这并不足以缩小最富裕群体与最贫困群体之间的毛入学率差距。若将性别与社会经济背景联系起来，最富裕家庭的女孩有更多机会接受高等教育，女生接受高等教育率的提高主要是因为富裕家庭的女孩获得了更多的受教育机会。

公立高等院校 41% 的学生来自非常富裕的家庭，26% 来自富裕家庭，所占比例与高中基本一致。中等家庭、贫困家庭和极贫困家庭的学生比例分别为 14%、12% 和 7%。在私立高等院校，贫富差距更为明显，80% 的学生来自非常富裕的家庭，14% 来自富裕家庭，也就是说家庭条件优越的学生所占比例高达 94%，中等家庭仅占 3%，贫困家庭和极贫困家庭各占 2%。[3]

世界银行数据表明，拥有高等教育机会的学生越来越倾向就读于私立学校。2008 年，38% 的高考生愿意在私立学校就读，2015 年为 46%，而贫困家庭学生进入私立高等教育机构的比例从 2008 年的 23% 降至 2015 年的 10%，[4] 这表明私立高等学校越发倾向于富裕阶层。

最后，地区差异。科特迪瓦的公立大学主要集中在阿比让、科霍戈、达洛亚和布瓦凯 4 个城市。在接受高等教育方面，在有公立大学城镇出生的人比没有公立大学城镇出生的人更具地区优势。2008 年，阿比让高等教育入学率为 15.4%，而在没有公立大学的城镇，总入学率仅为 3.7%。此外，城

---

[1] 数据来源于世界银行官方网站。
[2] 数据来源于世界银行官网。
[3] 数据来源于世界银行官网。
[4] 数据来源于世界银行官网。

市毛入学率比农村毛入学率大约高 4 倍。2008 年农村毛入学率为 2%，而城市总入学率为 9.4%。[1]

二、高等教育的对策

（一）政府重组高等教育

2022 年，科特迪瓦政府召开部长级会议，讨论一项新的草案来重新确定科特迪瓦高等教育与科研的指导原则。该草案主要关注三个方面。首先加强高等教育和研究机构的自主权；其次提高教学管理和研究的质量；最后利用研究成果帮助学生职业发展。该草案还提议创建新的国家公共机构类别，即科技性质的公共机构，旨在使高等教育、科学研究和创新三者充分发挥其作为知识、技能和创新生产支柱的作用，以满足国家、地方和社会的发展需求。

（二）私立高等教育机构的规范化发展

私立高等教育在科特迪瓦的高等教育体系中发挥着至关重要的作用。然而，为了确保其提供的教育质量和教学规范，2022 年 5 月，科特迪瓦高等教育与科学研究部决定进一步加强对私立高等教育机构的监管和管理，实施更加严格的监管措施。这些措施包括对私立高等教育机构的资质进行重新评估，严格审查其文凭颁发的合法性，确保其颁发的学位证书能够与公立大学相应学位的标准接轨。

---

[1] 数据来源于世界银行官网。

此外，政府将对私立机构的课程设置进行定期检查，确保其教学内容与国家教育目标保持一致，并要求这些机构提高师资队伍的质量，特别是教师的学术背景和教学能力。通过这些手段，政府希望不仅可以缓解公立大学学校资源供不应求的压力，还能够有效提升私立高等教育的整体水平，使其为国家的人才培养做出更大贡献。

（三）数字技术融入高等教育

科特迪瓦政府鼓励大学教育和管理团队率先学习使用数字技术，提高将数字技术融入课堂和日常工作的意识。各院校需要设立和完善多媒体与教学服务部门，组织相关培训活动，鼓励教师将数字技术纳入教学，提高教师对数字技术的使用意识。同时加大对数字图书馆的建设，培养图书管理员使用数字技术建设图书馆的意识和能力，为学生提供数字学术资源。

此外，政府加大了国家电信基础设施发展的预算，为高校和研究机构提供更多的多媒体设备，改善网络连接环境。政府计划与发达国家合作，以较低的成本获得先进的设备和技术援助。通过合作培训使更多有数字技术业务能力和管理能力的人员充分参与高等教育发展，优化各类资源分配。例如，2015年成立的科特迪瓦虚拟大学提供法语和英语教学资源。虚拟大学为教师提供了技术支持，在新冠疫情期间发挥了重要作用，现在仍然与各个国际组织合作，以提高教师利用数字进行学术、教学交流合作的能力。

第七章 职业教育

随着非洲国家自主发展意识的增强，职业教育的必要性凸显，各国面临人力、物力方面的缺口逐一显现。科特迪瓦是非洲最早意识到要发展职业教育的国家之一，职业教育在科特迪瓦教育体系中占据重要位置。科特迪瓦政府希望通过技术教育和职业培训为公民提供知识和技能的专业训练，提高其市场竞争力，促进国家经济发展。2022年颁布的2022-795号法令为该国的职业教育确定了新的发展方向。

第一节 职业教育的发展和现状

一、职业教育的发展

（一）独立前的职业教育

科特迪瓦独立前的职业教育为法国殖民当局服务，其理念、措施与法国本土类似。

当时的法国殖民政府在科特迪瓦设立了一些职业教育学校，其目的是在当地培养少数能够协助殖民政府管理的人员。职业培训的主要内容集中在基础技能培训，如法语学习、农业技术、行政管理等与殖民活动有关的活动，以便更有针对性地满足殖民政府和少数法资企业的需求。

由于参与培训的教师往往来自法国本土，能够提供的职业教育培训规模有限，因此导致当时的职业教育未成体系。科特迪瓦独立前的职业教育是殖民政府单方面的规划和设计，较少考虑科特迪瓦本地的真实需求和客观条件，使得职业教育发展较为缓慢。

（二）独立后的职业教育

与许多非洲国家一样，独立后的科特迪瓦的重要发展方向是大力开展各层次文化教育活动，培养能够支持国家经济发展的专业人才，因此职业培训成为教育系统中最重要的环节。

1959年独立前夕，科特迪瓦成立技术教育与职业培训部，这表明当时的科特迪瓦政府已具备发展职业教育的意识。1990—1996年，技术教育与职业培训部一分为二，中等职业教育归于国民教育部负责，高等职业教育归于高等教育与科学研究部负责。1996至1999年3月改称技术教育、职业培训与手工业部，1999年4月至2000年10月恢复原名技术教育与职业培训部。2000年11月至2003年更名为青年、职业培训与就业部。2003—2012年再次恢复技术教育与职业培训部。2012—2016年更名为就业、社会事务与职业培训部。2016—2017年恢复技术教育与职业培训部。2017—2021年更名为国民教育、技术教育与职业培训部。2021年4月至今更名为技术教育、职业培训与学徒部。[1]

在科特迪瓦独立后的头20年里，职业教育为国家的经济增长做出了重

---

[1] 资料来源于科特迪瓦技术教育、职业培训与学徒部官网。

要贡献，但是科特迪瓦经济增长与社会发展对于职业教育的要求日渐提高，现有体系无法满足国家新的发展需要，国家面临青年失业率居高不下，贫困现象日益严重的困境。鉴于这种情况，2007年，技术教育与职业培训部启动改革，尤其注重年轻人的就业情况。2009年10月，技术教育与职业培训部与科特迪瓦大企业联合会签署合作协议。2010年政府通过《技术教育和职业培训改革战略计划》，其愿景是发展高效的技术和职业教育与培训，使科特迪瓦在未来十年里成为一个新兴国家。该改革于2012年正式启动，开展了一系列研究和试点项目。2016年11月8日，科特迪瓦政府再次对职业教育进行改革，提出"国家职业教育改革愿景（2016—2025年）"，提出改进教学方法以提高参与培训人员的职业技能和就业竞争力，尤其是要与经济发展方向和模式相兼容。该愿景指出，应当加强与企业的联合培训，根据企业真实需求有针对性地提高培训人员的技能；增加职业教育基础设施建设和师资力量，扩大职业教育覆盖范围，加强管理水平和监督力度，鼓励私立职业教育发展，增强国家财政对于职业教育的支持力度。

二、职业教育的现状

（一）职业教育体系

按照科特迪瓦政府的划分，其职业教育可以分为技术教育、职业培训和学徒制三种类型。技术教育为学历教育，而职业培训和学徒制更多面向已就业或者待就业人员，属于非学历教育。

学历教育包括中等职业教育和高等职业教育阶段，而非学历教育面向更广泛的受众，未就业人员或从业人员均可以根据自己的需求选取合适的职业培训课程，提升自己的专业技能。

（二）学历教育

科特迪瓦的技术教育是职业教育的重要组成部分，主要面向适龄学生，包括中等职业教育和高等职业教育两个阶段（见图7.1）。与普通教育不同，技术教育的目的在于提供科学和技术培训。这类教育由技术中学提供，完成学业的学生可以参与技术类高考和技工类高考。毕业的学生不会直接进入劳动力市场，而是继续完成工程师类或技工类高级职业培训。

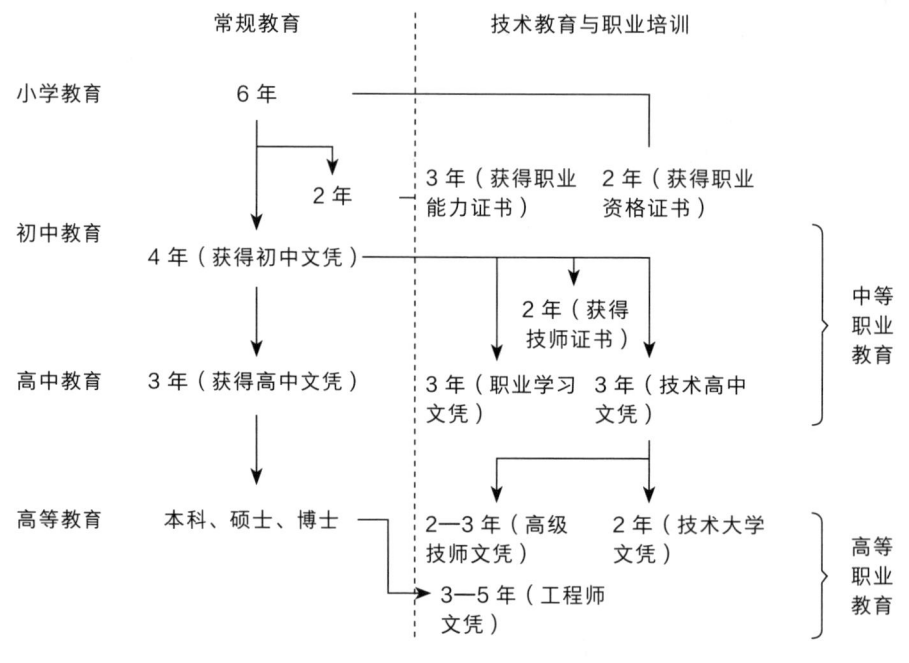

```
          常规教育              技术教育与职业培训

小学教育    6年
              ↓       ┌─── 3年（获得职业    2年（获得职业
              2年     │     能力证书）       资格证书）
初中教育    4年（获得初中文凭）                              ┐
                              2年（获得                      │ 中等
                              技师证书）                     │ 职业
高中教育    3年（获得高中文凭）                              │ 教育
                      3年（职业学习   3年（技术高中         │
                      文凭）          文凭）                ┘

高等教育   本科、硕士、博士   2—3年（高级   2年（技术大学    ┐
                              技师文凭）    文凭）           │ 高等
                              3—5年（工程师                  │ 职业
                              文凭）                         │ 教育
                                                            ┘
```

图7.1 科特迪瓦教育学制情况

中等职业教育由中等职业技术学校负责实施。从学制来看，在完成 6 年小学教育后，学生可以选择直接进入职业教育体系，完成 2 年学习可获得职业资格证书，若完成 3 年学习可以获得职业能力证书。完成普通初中教育的学生也可以选择职业教育，学习 2 年后可以获得技师证书，学习 3 年后可以获得职业学习文凭或技术高中文凭。

高等职业教育由多种类型的教育机构共同提供，包括综合性大学内的学院、专门的高等教育和技术学院以及国际合作项目下建立的职业技术培训中心等。获得技术高中文凭的学生可以继续学习，经过 2—3 年获得高级技师文凭，或经过 3—5 年学习获得工程师文凭，也可以通过 2 年学习获得技术大学文凭。

目前科特迪瓦有三所主要的公立技术学校，分别是阿比让技术中学、布瓦凯技术中学和优普贡技术中学。

阿比让技术中学是一所公立技术中学，由 1938 年成立的工业职业学校发展而来。阿比让技术中学可以提供 5 种专业的毕业文凭（电器、汽车、维修、冶金、建筑），等同于高中学历。作为一所中等技术学校，阿比让中学的具体任务是培养学生在中学毕业后进入科学、技术和高等教育领域学习。阿比让技术中学的学生可以考取高级技师文凭，并在尖端工业部门继续接受职业培训。

布瓦凯工业职业中学创建于 1974 年 10 月，1983 年 10 月成为布瓦凯技术中学。学生在完成 3 年的中等技术教育后可以参加技术中学毕业会考。该校是位于阿比让以外唯一的一所公立技术学校。受经济条件所限，该校于 2002 年迁至阿比让，但是在 2013 年年底迁回布瓦凯。布瓦凯工业职业中学的毕业生尤其集中在科学、技术和第三产业等领域，已成为科特迪瓦重要的人才输送来源。

优普贡技术中学成立于 1959 年，初期是一所师范学校，其间数次改名，最终于 1978 年确定为技术中学，是一所针对农业、化学和工业领域的培训学校。

（三）非学历教育

1. 职业培训

职业培训涵盖人群更为广泛，包括已经进入职场的劳动力人口。先行的职业教育体系来源于2012年的改革，引入了7个试点项目，包括与专业部门合作实现职业培训体系的现代化，以及引入可获得资格证书的培训等。职业资格证书具体有以下几类。第一类为职业资格证书，针对初中毕业生（14—16岁），目的是在两年内为获得某一行业的职业资格打下必要的基础，提高青年的就业能力。这类培训在流动单位与生产工厂进行。第二类为职业能力预备班，高中毕业的学生和获得职业资格证书的学生能够通过培训考取职业能力证书。第三类是职业能力证书，针对初中一年级学生，通过3年的培训，使他们能够获得某些行业的关键技术。第四类是职业学习证书，旨在为初中毕业生提供为期两年的专业培训，以培养成为企业，特别是工业企业所急需的多技能人才。第五类是技师证书，针对初中三年级的学生，旨在用3年时间培养各行各业的技术工人。最后一类是持有职业能力证书或者已获得职业学习文凭的人，在不同行业的专业技术岗位上接受培训后获得相应证书。

2. 学徒制

学徒制针对已经离开职业学校、进入企业工作的人员，他们再次进入职业培训场所进行知识技能方面的提高和补充。这些培训通常由培训机构和企业合作开展，以企业的实际需求为导向进行更有针对性的培训。学徒制最大的特点是各个参与方都聚焦自身，培训机构根据企业提出的需求培养学徒的知识和技能，企业通过输送学徒追求员工专业技能的快速提升，实现利润最大化。培训机构不是漫无目的地对学员进行全面培训，企业也能够雇佣到真正适合自己行业的员工。科特迪瓦技术教育、职业培训与学徒部下属的学徒制与职业融入局专门负责学徒制事务。科特迪瓦政府于2019年10月24日颁布有关职业中学学徒制条件和招聘程序的相关文件。学徒制进行的职业培训包括资格课程和文凭课程。所有人都可参加，无论他们此前是否上过学。文凭课程对14岁及以上的人开放，包括3个周期。第一周期面向所有具备初中二年级文化水平或同等学力的人员；第二周期针对所有获得初中毕业文凭或同等学力的人员；第三周期面向高中毕业或同等学力人员。为此，科特迪瓦政府在2022年10月24日还颁布了《2022—2023全国实习、学徒制和再培训计划》。科特迪瓦青年就业局与11家公共和私营企业签署了相关协议。学徒可以通过青年就业局的培训准备资格证书考试，并获得在公司实习甚至转正的机会。

科特迪瓦职业教育的三种类型相互交织，也存在一定的区别。

其一，技术教育更注重文凭获取，而职业培训倾向于技能提升和资格证书获取，二者在学员选拔上存在极大重合，因此科特迪瓦的年轻人可以根据自身需求和能力素质选取适合个体发展的路径。学徒制更加适合有一定教育背景并且有企业支撑的个体劳动力。

其二，在培养单位层面，三者存在一定的交集。三类职业教育统一由技术教育、职业培训与学徒部负责，对技术教育、职业培训与学徒政策进行实施与监督。一方面满足学员的培训需求，帮助学员更好融入工作，促进职业发展；另一方面为企业、公司培训符合要求的员工，提高企业的竞争力与工作效率。提供培训的教育体系包括6个公共监督机构、68个公共技术教育和职业培训机构以及13个乡村单位。私营部门也在职业培训中发挥着重要作用。目前科特迪瓦全国有技术教育、职业培训与学徒部认定的565家私立机构。换言之，每种类型的学校都可以接纳三种不同形式的职业教育。

第二节 职业教育的特点和经验

一、职业教育的特点

（一）加强职业教师培养

科特迪瓦政府认识到，只有保证师资水平才能保证本国职业教育发展的速度和方向，因此国家在注重职业技术人员培训教育的同时提出加强对教学管理人员的要求。在科特迪瓦，若想成为一名职业教育教师需要通过大量的竞争性考试，2019 年，国家职业技术教育学院考试通过率仅为 10%。[1] 通过考试的教师需要完成一年的理论培训和一年现场培训。顺利成为职业培训教师的人员需要完成教学和管理等工作，例如参与课程开发、学生指导、行业合作项目等，鼓励不同专业的教师之间开展合作，促进知识的交流和融合，增强教育的多样性和实用性。通过这些措施，科特迪瓦旨在建立一支高素质的职业教育教师队伍，从而推动整个职业教育体系的发展。

（二）注重私立职业教育发展

科特迪瓦各阶段教育面临的共同问题是公立资源有限，难以覆盖全部人群，因此国家和社会鼓励非政府组织和社会组织积极参与职业教育活动。2006 年，提供职业教育的私立机构占到全国所有职业教育机构比例的

---

[1] LAVIGNE E, JAFAR A, MOODIE G, et al. L'enseignement technique et la formation professionnelle en Côte d'Ivoire : rapport préliminaire[R]. Ontario: Ontario Institute for Studies in Education, 2019：43.

90%[1]；在科特迪瓦私立职业教育机构就读的学生比例达59.6%。[2]私立职业教育机构对于专业机器、设备的要求较低，因此更多是在办公和商业等领域发挥着重要作用。私立机构对于参培人员门槛要求低，更具有灵活性，是很多企业培训员工的优先选择。

二、职业教育的经验

（一）开展不同类型的职业培训

科特迪瓦职业培训主要有在校培训、学习工作交替培训和学徒制3种培训模式。在校培训模式一般由职业培训机构提供，毕业生在学业结束时需参加一次工作实习，使学员能够在实际工作场所运用在培训期间所学的技能。学习工作交替进行的培训方式为学员提供了将理论与实践交互融合的机会，时间固定，通过这种方式，学生能将课堂知识应用于实际。然而，这种方法目前在非洲国家还不够成熟。学徒制的学习对于培训学员来说更为稳定，从长期看能够系统学习一门手艺，将学习与工作同时进行，二者之间没有明显分界。

接受培训的人员分为以下两类。第一类人员是参加在校培训的年轻人或没有文凭的人。这类人员作为科特迪瓦职业培训的主要对象，通过考核后可以获得相应的文凭。其目标是降低失业率，提高劳动力人口素质，满足经济社会发展需要，培训周期相对较长，培训人员还需要面临进入职场后的适应性问题。另一类是已就业人员。此类培训更有针对性，能够根据

---

[1] LAVIGNE E, JAFAR A, MOODIE G, et al. L'enseignement technique et la formation professionnelle en Côte d'Ivoire : rapport préliminaire[R]. Ontario: Ontario Institute for Studies in Education, 2019：43

[2] 数据来源于科特迪瓦技术教育、职业培训与学徒部2016年报告。

培训人员所在行业、企业的具体需求而进行短期、高效的目标技能的提升，周期短，培训人员的适应性更强。

因此可以看出，科特迪瓦职业教育的重要经验之一是根据不同人群、行业需求制定不同类型、不同周期的培训，目标明确，效率能够最大程度得以保证。

（二）多项目联合推动职业教育

在科特迪瓦，除了技术教育、职业培训与学徒部负责职业教育，其他部委也参与其中。例如，青年促进、职业融入和公民服务部于2023年4月在《2023—2025年政府青年计划》框架下提出了两项新的青年培训计划，即面向2 640名16—40岁的科特迪瓦青年展开学徒培训计划和再就业与资格培训计划。学徒培训计划主要集中在建筑电气、太阳能、空调和制冷、橡胶树管理等领域的专业技能培养上。再就业与资格培训计划内容包括电力、物流、能效、石油配送、数字技术、信息技术安全、销售、生产和工业维护。上述两个培训计划周期为3个月到半年不等，培训内容包括25%的理论课和75%的实操课。[1] 这表明科特迪瓦已经充分意识到职业培训与青年就业等问题息息相关，只有提高科特迪瓦青年的就业率和社会融入程度，才能真正实现技术教育与职业培训的目的。

---

[1] 数据来源于科特迪瓦政府官网。

第三节 职业教育的挑战和对策

一、职业教育的挑战

（一）地理分布不均

根据科特迪瓦2020—2021年技术教育、职业培训与学徒部年终数据报告显示，科特迪瓦国内职业学校地理分布存在较大差异（见表7.1）。

表 7.1 科特迪瓦全国职业学校性质与地理分布 [1]

地区	私立学校（所）	公立学校（所）	总数（所）
阿比让	65	24	89
布瓦凯	12	7	19
亚穆苏克罗	8	2	10
科霍戈	8	10	18
达洛亚	14	7	21
其他地区	42	29	71
总计	149	79	228

科特迪瓦全国共有228所职业学校，其中私立学校149所，公立学校79所。私立学校几乎是公立学校的2倍，这表明政府所能提供的教育资源有限，其中89所位于经济首都阿比让（公立24所，私立65所），剩下的也大多集中在外省相对发达的地区。位于经济发达地区的人员拥有更多机会

---

[1] 数据来源于科特迪瓦2020—2021技术教育、职业培训与学徒部年终数据。

接受职业培训，这将导致科特迪瓦国内职业教育地域差别更加明显。

（二）行业差异明显

从职业培训的行业分布来看，第一、二、三产业差异明显。以2020—2021年为例，参加第一产业（农业）职业培训人数只有245名，第二产业共有27 561名，第三产业共有38 993名（见表7.2）。[1]第一产业受关注度明显低于第二、三产业。然而科特迪瓦是非洲热带农业大国，农业及农副产品生产出口是国家重要经济支柱，对农业关注度不够，不利于科特迪瓦第一产业的可持续发展。大量人员涌入第二、三产业，造成行业饱和，失业率升高，影响全国产业结构。

表7.2 2020—2021年科特迪瓦不同行业不同地域培训人数

性别	第一产业（人）	第二产业（人）	第三产业（人）	总和（人）
女性	49	5 001	26 582	31 632
男性	196	22 560	12 411	35 167
总数	245	27 561	38 993	66 799

（三）培训内容与现实脱节

根据2020—2021年技术教育、职业培训与学徒部的统计数据，当年最终获得职业培训文凭的比例占到所有参训人员的95%以上，但是能被行业认可的合格人员人数仅占参与培训人数的3.7%。虽然学徒制一定程度上提高了职业培训与就业现实的融合度，但是要彻底改变职业培训效率低下的

---

[1] 数据来源于科特迪瓦2020—2021技术教育、职业培训与学徒部年终数据。

问题还需要很长时间。目前仍然存在学员花费了大量的时间、金钱去学习技能，并且获得了文凭，但是在现实生活中并不能转换为劳动力或工作技能的情况。这在一定程度上会削弱年轻人对于职业培训的兴趣和学习动力，用人单位也面临招聘难的困境。

根据国际移民组织2023年发布的《科特迪瓦就业市场报告》，2016年科特迪瓦青年人口未就业率较高，女性达到54.2%，男性达到32.8%。这表示科特迪瓦青年人即使在接受相关职业培训后，社会融入度仍然有待提高。职业培训无法迅速高效转换为社会生产力。

二、职业教育的对策

（一）成立第二次机会学校

面对庞大的职业再培训需求，科特迪瓦成立了第二次机会学校，旨在减少失业人数。

第二次机会学校分三个阶段实行。首先，与各产业部门对接，明确产业需求，设置相对应的职业培训。这种培训与市场需求直接对接，针对性更强，更有利于学员融入产业实践。其次，将学员安置在特定的工作岗位中，能够保证受训人员在一线专业环境中及时应用所学技能，灵活根据企业和职位所需调整自己的学习安排。最后，为参与培训的年轻人提供个性化的支持，并与金融机构建立融合保障基金，从而保证参训人员学业的稳定性。

第二次机会学校邀请到10 000名来自第二产业的先进技术工人作为培训师，为学员提供结合实际的培训。培训师的选择严格遵守相关规定，一般由正规企业和行业协会进行挑选和认证。2019年已有1 500名专业人员得到认证，计划在 2024 年达到 3 000 人。[1] 同时计划设立一个金额为 260 亿非洲法郎的融合担保基金，由银行或小额信贷机构保管，在促进青年就业的机构进行试点。

从管理层面看，第二次机会学校设有监管、组织和职能部门，制定财务管理、采购和社会及环境责任章程。初步建立一个监测和评估信息系统，定期收集数据，以计算和分析计划的各项指标，提高绩效。

从培训地域看，第二次机会学校特别关注北部边境地区，为北部边境地区 4 000 名年轻人提供学习场所，重点培养建筑和公共工程、农业和畜牧业等高就业领域的人才；为其他偏远地区提供 1 000 个学习机会，一定程度上缓解了科特迪瓦全国职业培训地域分布不均的问题。[2]

（二）建立网络运行平台

科特迪瓦技术教育、职业培训与学徒部于 2022 年建立网络运行平台，当年共有近 13 万名学生注册，其中 4 万人得到指导。2023 年上半年已有 130 918 名学员注册。[3] 该网络平台用于管理与学员有关的数据以及监测学员培训的进展，包括培训注册模块、考试注册模块以及请求协助模块。不论通过哪种途径进入职业培训，都必须通过该系统注册。通过数字化的系统管理记录所有学员的数据，极大提高了职业培训行政工作的效率，大幅度缩减手续时间。

---

[1] 数据来源于科特迪瓦技术教育、职业培训与学徒部官网。
[2] 数据来源于科特迪瓦技术教育、职业培训与学徒部官网。
[3] 数据来源于科特迪瓦政府官网。

（三）完善培训机制

科特迪瓦政府在不同的发展报告中均提出过完善职业教育培训的机制，如继续强化学徒制，包括向所有受益于传统学徒制培训的人提供具有职业资格的识字课程，以提高技术和工作安全技能。政府也继续加强与企业的合作，保证企业享受税收优惠，鼓励更多的大公司与培训机构联合开展更具有针对性的职业培训；为所有职业培训机构开展资格培训，尤其关注私立职业培训机构，确保其教育水平与质量，以便根据相应的战略并结合就业情况，提高青年人的就业能力；为劳动人口提供职业培训，重点面向农村地区的妇女和青年开展培训；寻求与世界银行等国际组织的合作，拓宽职业培训资金筹集渠道。

第八章 成人教育

科特迪瓦成人教育的重心是成年人扫盲。作为国家和社会主要劳动人口来源，成年人的识字率与受教育程度决定国家劳动力的质量和未来发展潜力。科特迪瓦政府鼓励国民通过各种正式及非正式方式学习。科特迪瓦负责国家技术发展与教育的部委均参与成人教育工作，管理成人教育与培训的项目，并根据可用的财政资源制定相应的培训计划。

第一节 成人教育的发展和现状

一、成人教育的发展

（一）独立初期的成人教育

科特迪瓦刚独立时，文盲率接近50%。[1] 1960—1990年，政府成立了国家乡村推广局用于促进乡村地区的发展和人口素质的提高，此时联合国教科

---

[1] 数据来源于非洲联盟官网。

文组织的相关活动也逐步进入科特迪瓦。当时负责成人教育的部门主要是青年与体育部、技术教育部与职业培训部、妇女促进部，以及一些非政府组织。

1991年，成人教育的管辖权归属国民教育部，并成立了扫盲分局。这一时期扫盲教育得到快速发展。科特迪瓦意识到扫盲意识的培养是开展扫盲工作的基础，因此于当年首先成立了自主扫盲处用于替代扫盲分局，在运行上更为灵活，并且提出了终身学习的概念，同时成立了国家扫盲委员会，以及国家扫盲支持基金。基于以上机制，国民教育部提出了国家教育培训发展计划，以改善欠发达地区女性的受教育情况，为在粮食产区工作的女性提供更多受教育机会。

1996年，科特迪瓦政府推出了扫盲试点项目计划，重点为农村地区的女性提供扫盲服务，并且设立了监督机构，用于确保计划的稳步实施。

（二）21世纪的成人教育

进入21世纪后，国家更加重视成人教育，国际组织合作项目增加，极大推动了科特迪瓦扫盲教育的发展。

科特迪瓦积极参与全球各类扫盲组织和活动。2005年，联合国教科文组织创立孔子扫盲奖，用于奖励世界各国在扫盲工作中的突出贡献。科特迪瓦是非洲执行较好的国家之一，其非政府组织GA-TIC于2021年获得该奖项。截至2021年，科特迪瓦全国共有3 578所扫盲中心，78 258名人员接受了扫盲教育。科特迪瓦重要城市布瓦凯是联合国教科文组织全球学习型城市网络会员，在2021—2022年度共建有164所扫盲中心，一共为2 091人提供了扫盲教育，其中女性1 270人。[1] 每年的9月8日是国际扫盲日，科特迪瓦每年都会举办相关活动来推进扫盲工作。

---

[1] 数据来源于科特迪瓦政府官网。

二、成人教育的现状

（一）扫盲教育

扫盲教育是科特迪瓦成人教育最重要的组成部分。科特迪瓦政府成立了国民教育与扫盲部负责制定全国扫盲计划。根据科特迪瓦官方公布的最新数据。2002年全国文盲率为51%，2015年降至43.8%，2019年降为43.70%。经济首都阿比让以外地区是扫盲行动的重点。到2021年，南部科莫埃地区有77个扫盲中心。[1]

科特迪瓦采用官方与民间相结合的办法，加强与国际组织的合作，通过传统扫盲和数字扫盲两种途径逐步实现扫盲目标。从官方层面来看，扫盲是政府社会发展计划的重要活动之一，其目的是提高人们的教育水平。科特迪瓦政府预计在2022—2024年，每年招聘200名扫盲教师，每年完成对6 000名成人的扫盲工作，三年内完成18 000名成人的扫盲工作。科特迪瓦政府在入学率低的地区启动了与世界银行合作的扫盲试点项目，共有6 400名学生接受了读写教育。[2] 该项目尤其关注女性扫盲，通过扫盲帮助科特迪瓦女性脱贫。

从民间层面看，多个社会组织积极参与其中。例如，科特迪瓦非政府组织"使用通信技术扫盲组织"成立于2017年，专门利用数字技术开展扫盲，目标群体是科特迪瓦的女性商人。科特迪瓦阿比让地区普通商人的文盲率较高，且女性所占比例高于男性。在日常走访中，"使用通信技术扫盲组织"发现，绝大多数女性商人有积极识字的意愿，但她们由于经济或和家庭原因未能获得教育机会。该组织针对学习者的个人和社会需求，利用信息和通信技术提供严格、优质、基于需求的课程，通过手机上的数字扫盲应用程序为

---

[1] 数据来源于科特迪瓦政府官网。
[2] 数据来源于科特迪瓦国民教育与扫盲部官网。

阿比让市场上的女性商家提供功能性扫盲培训，不仅帮助使用者提高识字技能，还给予了这些女性大量有关创业、养生等方面的知识，使她们能够更好地管理日常经济活动，在工作中完成扫盲目标。2018—2020年，该组织完成了对1 360名女性的扫盲工作。[1] 此外，该组织还在新冠肺炎疫情期间为培训者开发了一个自学系统，学员之间可以在足不出户的情况下进行互动；还通过电话为学习者提供帮助，为他们处理新冠肺炎疫情期间遇到的学习困难和情绪问题。线上学习的方式丰富了终身学习的理念与实践，有效使用了现代技术，在学习中增加了多媒体元素，弥补了线下学习的不足。值得一提的是，"使用通信技术扫盲组织"获得了2021年联合国教科文组织扫盲奖。

（二）同等教育

科特迪瓦成人教育的另一个重要组成部分是同等教育，授课机构主要为夜校，主要针对白天需要工作，只有晚上才能上课的成年人，课程内容涉及会计、审计等专业。此类夜校提供等同于本科和硕士文凭的课程培训，学员需要通过注册获得学籍，通过最终考试的学员可以获得相应学位。

以阿比让私立大学学院为例，夜校文凭分为如下三类。[2]

第一类是会计与金融职业文凭（相当于本科学位）。学生通过学习掌握现代经济学分析的基本知识；能够使用定量方法（数学、统计学、数据处理和信息技术）处理经济数据；了解生产消费的关系等。

第二类是审计与管理监督专业硕士学位。相关课程旨在培养审计和控制组织绩效和治理的高级专业人员。

第三类是商业法和税务专业硕士学位。相关课程旨在培养处理公司法律、税务和会计等各方面问题的人才。

---

[1] 数据来源于联合国教科文组织官网。

[2] 资料来源于阿比让私立大学学院官网。

第二节 成人教育的特点和经验

一、成人教育的特点

（一）受众群体广泛

科特迪瓦的成人教育面向广泛的受众群体，包括未受教育或未完成教育的成年人。

作为农业大国，科特迪瓦有大量务农人员需要接受基本的教育和技能培训，提高劳动生产力。成人教育不仅为务农人员提供了基本的读写能力培训，还普及了基础农业技术知识，帮助他们提高生产效率和经济收益。

科特迪瓦目前仍然面临较高的辍学率，民众受教育水平有限，有相当数量的人从未接受过教育，他们需要通过成人教育获取技能和知识，以增加就业机会。由于女性更容易成为疾病、战乱、失业等事件的受害者，因而女性文盲率高于男性。成人教育是对女性的一次赋权。

此外还有部分个体经营者希望通过成人教育提升自己的基础知识水平和商业技能，以应对市场变化和竞争压力。成人教育可以为他们提供商业管理、市场营销、财务管理等方面的培训，帮助他们提升经营能力和企业竞争力。

（二）注重实践能力培养

成人教育通常侧重于职业导向和就业技能，旨在帮助成年人提高他们在劳动力市场上的竞争力。许多成人教育课程与企业和行业协会合作，提供与实际工作相关的技能培训。这有助于成年人更好地融入职场，增加就业机会。例如，在扫盲教育中，科特迪瓦注重将读写能力的学习与实际职业技能相结合，同时积极鼓励学员参与社区服务和项目，提升他们的实践能力和社会责任感。根据扫盲人员自身从事的行业有针对性地组织参观和实习，亲身体验和参与各种职业和行业的实际操作。采用小组合作学习的方式，让学员互相交流和合作，共同解决实际问题，提高团队合作能力。

二、成人教育的经验

（一）加强国际合作

科特迪瓦的总文盲率为 47%，在过去的 20 年里，该国的文盲率仅降低了 5%。科特迪瓦政府加强与联合国教科文组织的合作，共同解决文盲问题。在新冠肺炎疫情期间，科特迪瓦积极与联合国教科文组织全球扫盲联盟合作，以应对学校因疫情停课造成的管理混乱问题。该合作致力于扩大远程学习的覆盖范围，并通过网格化管理将每位学习者和教育机构纳入系统化管理体系中，同时推动数据库的建设和知识共享平台的搭建。

在 2021 年 9 月的国际扫盲日，科特迪瓦政府表示要在短期内将文盲率降至 30%。2022 年，联合国教科文组织决定在科特迪瓦培训近 500 名扫盲教师。该项目与科特迪瓦国民教育与扫盲部合作实施，旨在短期内大幅度降低该国的文盲率。[1]

（二）注重扫盲教师培训

科特迪瓦鼓励本国的扫盲专业人员积极参加联合国教科文组织全球扫

---

[1] 数据来源于科特迪瓦 Agence Ecofin 官网。

盲联盟组织的各类培训课程。2022 年,该联盟组织讲习班,来自科特迪瓦各地区超过 180 名教师参与了讨论和学习,重点讨论了扫盲工作中的情景化学习和数字化技能。

科特迪瓦扫盲教师培训工作覆盖全国,2023 年 3 月,来自阿比让、宾格维尔、达布、大巴萨姆等全国各地的扫盲教育工作者、扫盲工作推广人员和扫盲教师培训师共同参加了扫盲培训。培训强调数字技能不仅是扫盲对象需要学习的内容,更是对扫盲教师的要求。教师需要理解并帮助受教育者使用数字技术辅助日常工作与学习。

(三)政府高度重视

成人教育培训的资金主要来源于国家财政,根据每年预估的成人教育和培训体量制定预算,用于开展研讨会等学术活动。另一部分资金来源于联合国系统(例如联合国教科文组织、联合国发展规划署)和欧盟系统,资金主要用于教学法更新、学校行政管理和后勤管理等。

科特迪瓦政府意识到成人教育对科特迪瓦社会发展的重要性,成人教育与职业培训一样,有助于提高科特迪瓦全国的就业率。科特迪瓦政府出台了多种方针政策降低文盲率,设立了管理机构并开展了各类项目,如政府社会计划、政府青年计划、萨赫勒地区妇女赋权和人口红利项目等。2021 年,国民教育与扫盲部设立了 4 个部门负责管理成人教育:成人、青年和儿童扫盲局,非正规教育局,扫盲教材局和扫盲计划协调与监督局,共同对以下人群的扫盲工作负责:居住地没有小学的学龄儿童;9—16 岁辍学儿童或者从未接受过教育的儿童;在宗教学校接受教育的儿童(比如古兰经学校,伊斯兰学校,法语阿拉伯语双语学校或者其他伊斯兰宗教团体创办的学校);青年或受教育程度有限的成年人以及终身教育、文化学习普及政策下的所有公民。这项法规尤其扩展了成人教育的受众群体,将普及文化作为成人教育的重要目标，成人教育的内容也从简单的算数和读写能力拓展到对于国家历史、文化的理解和对终身学习概念的认知。[1]

第三节 成人教育的挑战和对策

一、成人教育的挑战

（一）体系化程度有待提高

科特迪瓦的成人教育体系呈现出碎片化的状态，且缺乏统一的纲领性文件指导，这导致了整体教育体系不够完善。尽管科特迪瓦是一个农业大国，农业领域吸纳了大量劳动力，但并没有制定具体的针对务农人员的扫盲措施。这种情况使得众多务农人员在获取基础教育和技能培训方面处于不利地位，从而限制了他们劳动生产力的提升。此外，目前全国范围内实施的成人教育标准较为单一，未能充分考虑不同地区和行业对成人劳动力的具体需求，这也影响了成人教育的整体效果。

目前，科特迪瓦政府在成人教育领域的投资规划仍然缺失，导致许多规划好的成人教育项目难以顺利进行。尤其在阿比让以外的农村地区，缺少经费和基础设施进一步加剧了成人教育的困境。

此外，科特迪瓦的成人教育体系在教师培训和课程设置方面也存在较大不足。缺乏合格的师资力量和适应成人学习需求的课程，导致教育质量参差不齐，影响了学员的学习效果和积极性。

---

[1] 资料来源于科特迪瓦国民教育与扫盲部官网。

为了改善这种状况，科特迪瓦需要制定系统性的成人教育纲领文件，增加政府和社会对成人教育的重视与投入，特别是在农村地区，确保教育资源的均衡分配，推动整体教育体系的完善与发展。

（二）扫盲力度仍需加强

科特迪瓦的高文盲率是导致失业率上升的一个重要因素。由于成人识字率较低，能够参与工作并提供有效服务的劳动力人口数量有限。即便有些人获得了工作机会，但由于文盲或文化水平不高，也往往难以胜任岗位要求。根据2022年科特迪瓦官方发布的就业调查报告，该国的正式失业率约为5.3%。然而，如果将那些收入低于法定最低工资标准的工人群体计算在内，实际失业率将攀升至9.4%。进一步考虑到全国范围内的非正规就业情况，这一比例甚至可能达到25%，反映出该国劳动力市场的严峻形势。

二、成人教育的对策

（一）加强数字技术在扫盲工作中的应用

2022年以来，科特迪瓦国民教育与扫盲部将工作重点放在了"改变扫盲学习空间"这一事项上，提出有必要将扫盲活动的范围从课堂扩大到工作场所、市场和任何其他有需要的地方，因为成人的生活、工作环境不局限于课堂。与此同时，科特迪瓦国民教育与扫盲部还提出了充分利用数字革命带来的潜力，将数字信息技术充分用于扫盲工作，提高扫盲效率，扩大扫盲范围。[1]

---

[1] 资料来源于科特迪瓦国民教育与扫盲部官网。

科特迪瓦加强了与国际组织的合作。联合国人口基金会科特迪瓦办事处于 2023 年在阿比让向科特迪瓦国民教育与扫盲部转交了 360 台电脑和 1 000 部智能手机。这一举措旨在支持"我的学校在我家"远程学习和培训计划。设备移交前已经安装好教学工具和应用软件，可以同时满足教师和学员的需求，为使用者提供便利，这些设备的投入将提高科特迪瓦扫盲教师和学员的工作和学习条件，他们可以通过该培训计划突破地域限制，随时登录平台完成扫盲学习任务。

（二）关注女性扫盲教育

科特迪瓦文盲率持续较高的一个关键因素在于，农村地区的儿童与女性更易失去受教育的机会。为此，科特迪瓦在乡村地区建立了扫盲中心。一些非政府组织选择在该国中西部的欠发达地区开展试点项目，通过开设晚间课程来教授女性基本的读写技能。这些扫盲课程利用了当地小学的教室资源，有效地降低了场地成本。课程安排在晚上进行，确保不会干扰到女性白天的正常经济活动。

这些扫盲中心还对教学方法进行了优化，采用更适合女性需求的教学模式，内容紧密贴合女性的生活经验和当地的生产实际。对于那些居住分散、难以集中授课的女性文盲群体，则采用了远程教学的方式，以确保她们也能获得必要的教育资源。

第九章 教师教育

教师教育对于教师个人发展和国家教育事业的进步发挥着重要作用。科特迪瓦自独立后注重教师发展，在各阶段教育中加强教师在教学理念、教学方法等方面的学习和技能提高，为教师提供理论培训和实践培训。政府制定了相关培训项目和指导文件，充分调动教师的积极性，发挥其主观能动性。

第一节 教师教育的发展和现状

一、教师教育的发展

（一）殖民时期的教师教育

被法国殖民期间，科特迪瓦的教师教育主要由法国殖民当局严格控制，教育体系和教学内容与法国本土高度相似。这一时期的教师教育侧重于提高教师的法语水平和对法兰西价值观的理解，使其能够在课堂上传递法国的文化和思想。此外，教师教育方法也深受法国教育体系的影响，采用法国的教学模式和评估标准。

这一时期教师教育接受的机会非常有限。由于法国殖民政府的教育政策主要服务于少数精英阶层，教师培训的覆盖面极其狭窄，培训机构数量有限，主要集中在阿比让等少数城市地区。这种集中化的培训模式导致偏远地区的教育资源严重匮乏，教师短缺问题尤为突出。在这些城市的培训机构中，教师候选人接受的是高度集中和系统化的培训，内容涵盖法语语言技能、法国历史和文化以及基础教学法等。尽管培训内容丰富，但受益者主要是城市居民，特别是那些能够获得殖民当局青睐的少数人。这种教育资源分配的不均衡进一步加剧了城乡教育质量的差距，限制了农村地区儿童接受优质教育的机会。

（二）独立后的教师教育

科特迪瓦独立后，教师教育进入到独立探索阶段。科特迪瓦政府着手建立自己的教育体系，其中包括发展教师教育。科特迪瓦扩大了教育普及面，对于教师数量和教师质量作了更加明确的要求。在这一阶段，科特迪瓦政府成立了一些教师培训机构，注重对基础教育阶段教师的培养和对本土价值观的学习。

20世纪80—90年代，科特迪瓦的教师教育进入现代化发展阶段。科特迪瓦一直以来同其他非洲国家和法国保持交流合作，吸收借鉴了其他国家在教师教育方面的经验。在非洲，科特迪瓦主要与其他法语国家进行交流，分享区域内的教育经验，通过非洲教育联盟等机制参与教育会议，与其他国家分享教师教育和培训中的经验，共同探讨如何应对挑战。在与法国合作方面，科特迪瓦与之建立了各类项目和协议，派遣本国教师前往法国学习教育理念和教学方法。这一时期的教师教育不仅提升了科特迪瓦教师的专业素质，也为日后提升全国教育质量打下了基础。

进入21世纪后，教师教育的方法和理念都实现了创新。科特迪瓦的教师教育更加注重数字化和国际化，不仅强调教师的专业化和持续培训，更注重现代科技在教学中的使用以及对教师国际化视野的培养。教师通过线上课堂、教育软件和电子书籍获得技能提升，并将数字化学习方式教给学生，逐步实现全国教学方式的数字化转型。与此同时，科特迪瓦与法国、中国等国家的教师培训合作项目增多，尤其针对非洲国家普遍面临的职业技术教育师资短缺的问题进行合作，一方面在国外培养本土师资，另一方面邀请对方教师来科特迪瓦教学实践，在一定程度上弥补了本土教师资源缺口。在此期间，科特迪瓦也加强了与联合国教科文组织、联合国儿童基金会等国际组织，以及教育领域有关的非政府组织的合作。

二、教师教育的现状

（一）学前和基础教育阶段教师教育现状

1. 学前和基础教育阶段教师招聘

科特迪瓦教师招聘主要有三种方式。

第一种是通过直接选拔性考试来聘用教师，这一方式适用于教学人员和督导人员。为了提升教师素质和技能，科特迪瓦于2013年进行改革，学前教育教师和小学老师需通过由普通考试与竞争性考试管理局组织的直接竞争性考试。这对于教师的专业素质和技能有了更高的要求，成绩合格的人员才能具备教师资格。对于教学人员而言，根据所教授的学业阶段不同，具体要求也有所区别。例如，在学前教育阶段，招聘的职位包括学前教师与学前助理教师；小学阶段则设有普通教师及助理教师两个岗位；中学阶段进一步细分为初中教师、双学科教师[1]以及高中教师。值得注意的是，在小学教育阶段，督导人员并不通过直接选拔性考试进行招聘；而在中学教育阶段，教育督学与指导督学则需通过此类考试来选拔。

　　第二种是通过专业选拔考试选聘教师。专业选拔性考试面向学前教学、小学和中学阶段的教学人员。学前教育助理教师可参加专业选拔性考试，成为学前教育教师。小学助理教师通过专业选拔性考试可以晋升为小学普通老师。小学普通教师可以继续晋升为教学顾问。目前小学阶段没有针对督导人员的专业考试，小学普通教师和教学顾问可通过专业考试成为教育督学。普通初中教师和负责双科目的教师通过该考试后可以成为高中教师。普通小学教师也可以通过专业选拔考试成为初中教师或负责双科目的教师。初中教师、负责双科目的老师和高中教师在通过考试后可以成为中学教育督学，或晋升为副校长级别的行政岗位。管理岗职位只能通过专业选拔考试或任命获得。

　　第三种招聘方式是任命。普通教师通过任命可以获得一定的行政头衔，例如小学教师可以在保留原有职级的情况下进入学校管理层，中学教师可以通过任命提拔为校长。教学督学一般是由学校管理层的副职或中学教师直接任命。政府教育部门的行政官员可由学校校长任命。

2．学前和基础教育阶段教师培训

　　学前教育和小学教育阶段的教师培训由能力和教学培训中心负责。培训为期两年，第一年在能力和教学培训中心进行，分为理论学习和实习阶段。在理论学习中穿插进行两次实习，每次21天。

　　学前教育教师和小学教师需完成不同方向的理论模块学习，包括语言

---

[1] 科特迪瓦教师制度与法国相似。在法国初中阶段，同一位教师可以负责两门不同课程。

学、心理学、专业课程教学法、历史和地理等学科组成的社会教育模块以及艺术表达与创造、体育运动教育模块等。理论教育的目的是强化教师的专业知识，全面提高教师素养，并且提供教学法方面的指导。在第一年培训中，每位能力和教学培训中心的培训师指导2—3名教师学员制作一份教育项目文件，其目的是加强教师对于教育政策的学习和对于教学理论的理解，帮助教师规划教学进度，以便教师学员能够在工作岗位上独立设计课程，把握节奏。通过第一学年培训考核的教师学员将获得见习教师资格证书。

第一年理论学习中穿插的两次实习培训由教育部下设的学校管理局和初级教育监察局共同指导，在公立小学中进行。在实习期间，教师教育课程由一名监督员和一名培训教师负责，为教师提供教学法方面的辅导和监督。能力和教学培训中心负责组织培训专家为教师学员授课。在开课前，能力和教学培训中心相关工作人员与培训教师沟通，告知参与培训的教师学员的相关背景和具体诉求。培训教师在21天的培训期间会两次访问班级学习成员，第一次是在培训一周后进行，主要是对教师学员进行现场观察、记录实习表现；第二次将更有针对性地进行教师学员访问，对教师学员的教学方法和课堂组织进行记录，对教学效果进行评估。培训教师对学员的实习情况向能力和培训中心进行全方位的反馈，在培训流程结束后需要完成一份综合报告，就培训所有环节进行记录和评估。监督员会根据对教师学员的日常观察结果向教师学员提出相应的建议同时，教师学员需撰写心得体会，总结学习成果。

第二年正式进入实习阶段，实习学校向教师学员提供合适的教职岗位，教师学员选择自己对应的学段、专业进行授课。与第一年穿插的实习不同，第二年的实习不再受能力和教学培训中心管理。

学前教育教师培训和小学教师培训的优点之一是各机构之间高效配合与协调，这有利于教师培训工作的组织和开展。参加培训的教师学员可以加强对教学法的学习，将培训中心所学内容运用到教学工作中。

与小学教师培训不同，能力和教育培训中心对中学教师的培训以教授学科为导向。两年的培训分四个学期进行，前三个学期在阿比让高等师范学院进行理论培训，最后一个学期在科特迪瓦的中学、高中以及能力和教育培训中心进行实习。教师学员都需要接受教学法、教育心理学、教学评估、教育哲学和相关法律法规的理论培训。教师的实习受阿比让高等师范学院的培训教师和中学、高中或能力和教育培训中心的顾问联合指导与监督，阿比让高等师范学院的培训教师是一名学科教师，而顾问教师则由相关部门任命。

在实习前，学生要参加培训，包括根据学校目前的教学大纲进行课程模拟，制定教学计划表及实施课程评估等。培训结束后，学员根据国民教育部相关安排被送往全国各地开启实习期，成为见习教师。见习教师需要组织课堂，评估学生，参与学校和自己所在年级组的各项教学教育活动。阿比让高等师范学院的培训教师和实习单位的督导教师有权指导见习教师。正式实习开始前，阿比让高等师范学院负责行政的人员发给见习教师一份手册，见习教师需要严格遵照这份手册里的各项要求和指令。阿比让高等师范学院培训教师会对见习教师进行三次指导，前两次是教学指导，第三次是对见习教师进行综合点评。前两次结束后都会进行一对一谈话，培训教师需要撰写报告，给出评语和改善意见。最后一次综合评估后要求培训教师给出具体的实习分数，并提交给高等师范学院的行政部门；见习教师在实习后也需要撰写实习报告并提交至高等师范学院的行政部门。至此，实习全部结束。

实习结束后，见习教师继续留在实习岗位，完成本学期剩下的教学任务，以便强化教学法的使用。国民教育部下属的教学法和继续教育处会指派一名检察官，与高等师范学院培训教师、实习单位所授学科的一名教师一起审核见习教师的资质，决定是否授予见习教师教师资格。

（二）高等教育阶段教师教育

1. 高等教育阶段教师招聘

科特迪瓦政府对于提升高等教育质量的需求不断增加，特别是在教师教育方面。高等教育机构在招聘教师时，通常会设定一系列严格的资格要求，以确保教师队伍的专业性。首先，教育背景是教师招聘中的一个重要考量因素。科特迪瓦的高等教育机构通常要求应聘者具备与所授课程相关学位，以证明教师的学术水平及专业能力。其次，教学经验也是招聘过程中的一个重要条件。许多高等教育机构倾向于招聘那些具有丰富教学经验的教师，特别是那些在高等教育环境中有成功教学经历的候选人。再次，语言能力是另一个关键要求。由于法语是当地的官方语言，教师需要具备良好的法语沟通能力。同时，随着国际合作项目的增多，英语能力也成为高等教育教师招聘中的一个重要考量因素。最后，职业道德是教师招聘中的核心要素。教师需要遵守职业道德规范，展现出对学生的关怀、对教育事业的热爱以及对学术诚信的尊重。

2018年11月，科特迪瓦高等教育与科学研究部宣布开放高等教育教师选拔性考试，所有有意愿参与高等教育建设的教学人员、科研人员及助理可以直接与目标大学、大学校和科研机构联系。招聘机构具备招聘自主权。这一决定标志着科特迪瓦高等教育领域迈出了重要的一步，不仅促进了高等教育体系的开放与多元化，还为更多有志于从事高等教育和科研工作的教学与科研等人员提供了机会。

考试的开放性是这一政策的核心特点，意味着参与者不再受到传统招聘渠道的限制，可以直接与目标大学、大学校和科研机构进行联系。这种灵活的招聘方式不仅拓宽了高等教育教师和科研人员的来源，也减少了中间环节，提升了选拔过程的效率。此外，各个大学和科研机构拥有一定程度的考试的自主权和决策权，不同机构可以根据自身的需求、学科特点、科研方向和发展目标设定具体的招聘标准和岗位要求，选拔最符合其需求的人才。这种自主性使得选拔过程更加灵活，同时也使招聘结果更具针对性，能够更好地满足机构的实际需要。通过选拔考试的人员将有机会与目标机构签订工作合同，成为正式的高等教育教师或科研人员。这意味着他们不仅能够进入科特迪瓦的高等教育系统，还可以通过实际工作和科研实践为国家的发展贡献力量。

2．高等教育阶段教师培训

高等教育阶段的教师教育由费利克斯·乌弗埃-布瓦尼大学的教学研究学院负责实施。教师培训的周期通常根据不同培训内容和对象有所不同。刚入职的大学教师根据所在学校与专业接受不同时长的培训，快速适应教学岗位，并学习如何有效传达知识。这一培训通常包括理论课程和实践教学两部分，理论课程主要侧重于教学法，而实践教学则要求教师亲自设计并组织课堂教学，接受导师的指导与反馈。对于在职教师，教学研究学院会定期提供短期培训，周期通常为几周到几个月不等。这类培训旨在帮助教师跟进最新的教学法和技术手段，尤其是如何利用多媒体工具进行教学。随着信息技术的发展，科特迪瓦公立大学越来越多地引入在线学习平台和数字教学工具，这也使得在职教师的继续教育成为一项常规任务。

高等教育教师培训内容更为丰富多元。首先是教学法的提升。无论是公立还是私立大学，教学法培训始终是教师教育的核心。费利克斯·乌弗埃-布瓦尼大学通过一系列讲座、工作坊和小组讨论，帮助教师深入了解各种教学法。这些教学法包括以学生为中心的教学模式、互动式教学、探究式学习以及基于问题解决的教学方法。教师通过学习这些方法，能够更灵活地组织课堂，鼓励学生自主学习和形成批判性思维。其次，学院还注重教师的课堂管理能力，帮助他们处理课堂上的各种问题，包括如何与学生互动、如何保持课堂秩序等。最后是现代通信工具的使用。随着全球数字化进程的加快，多媒体技术在教育中的应用越来越广泛。科特迪瓦在这一领域的起步较晚，但政府和高等教育机构已经认识到数字技术的重要性。教师需要学习如何利用多媒体工具来增强课堂教学效果。这些工具包括教学平台、视频会议软件、互动教学应用等。在课前准备阶段，教师需要学会利用这些工具制作课件、发布预习资料；在课堂上，他们则可以使用多媒体工具展示内容、与学生互动；在课后管理方面，教师需要掌握如何利用数字工具对学生作业进行批改、反馈以及在线交流等。通过这种系统化的培训，高等教育教师可以更加高效地组织教学，并提高学生的学习效果。

（三）职业教育阶段教师教育

1. 职业教育阶段教师招聘

在科特迪瓦，若想成为技术教育教师或职业教育教师，至少需要获得高级技师文凭，需要具备相关领域的专业知识和实践经验。然而，在某些特定领域，如技术和工程学科，实际工作经验和技能同样被高度重视。对于一些领域，招聘机构可能会更看重教师的实践能力和行业经验，而不仅仅是学历背景。这种多元化的要求确保了教师队伍的专业性和实践性。

科特迪瓦职业教育教师的招聘通常采取公开招聘的方式。招聘过程包括通过广告、招聘网站、教育展会等渠道发布信息，吸引合适的候选人。公开招聘的方式确保了招聘过程的透明性，也有助于吸引更多的应聘者。此外，国家和地方政府在教师招聘中扮演着重要角色。国家教育部门主导招聘工作，但地方政府和教育机构也会参与具体的实施过程。这种合作机制能够根据地方的经济和社会发展需求，调整招聘计划，从而更好地满足实际需求。

招聘程序一般包括初筛、面试和试讲等环节。候选人需要通过这些环节的考核，以证明其具备足够的专业能力和教学水平。试讲环节尤其重要，因为它能直观地展示教师的教学能力和与学生互动的能力。

自 2021 年起，科特迪瓦职业教师招聘对于教师的学历和年龄要求逐步提升。科特迪瓦政府对于职业教育教师的学历要求反映出国家对职业教育教学质量的重视。职业教育不同于普通教育，它更加注重培养学生的实践技能和动手能力，因此，教师不仅需要具备扎实的理论知识，更需要有丰富的实际操作经验。高级技师文凭持有者不仅在技术领域有一定的造诣，也能够在教学中将理论与实践结合，帮助学生更好地掌握技能。招聘中对教师年龄的限制是因为职业教育注重实践操作和技术的更新换代，年轻教师通常更能适应快速变化的技术环境。随着全球技术日新月异的发展，职业教育领域的教学内容也需要不断更新。年轻教师通常更具创新意识，也更容易接受和掌握新兴技术，这对于培养符合现代产业需求的技术型人才尤为重要。此外，年龄限制也有助于提高教师队伍的稳定性和工作年限。年龄较轻的教师能够为职业教育事业服务更长时间，有利于形成一支稳定且持续发展的教师队伍。

2．职业教育阶段教师培训

国家技术教育和职业教育学院为职业教育教师提供培训，培训内容既包括第二产业（电气、机械、食品等）、第三产业（管理、法律、行政管理技术、信息管理等）、农业（动植物产品，森林、水、环境与木材，农业产业等）的专业知识，也包括教育学（教育心理学与教育科技）和基础技术教育（现代世界知识与艺术、数学与物理、表达技巧、专业英语）等职业教育通识。

接受培训的职业教师重点需要学习如何将技术教学法与实践活动联系

起来。参与培训的教师可以根据个体需要选择是否完成相应的学位学习，国家技术教育和职业教育学院有权颁发本科、硕士和博士三个阶段的文凭。不论是在职业中学还是职业高校就业的教师都可以根据工作单位的要求在这里进行深造。[1]

此外，科特迪瓦与多个国际合作伙伴开展了一系列合作项目。例如，2024年，上海出版印刷高等专科学校承接了科特迪瓦技术教育、职业培训与学徒部委派的职业教育师资团队来华培训项目。该项目由中航国际成套设备有限公司委托，旨在为科特迪瓦当地建设专业职业院校提供支持。培训内容不仅包括专业基础课程学习和技术技能训练，还涉及与中国教师共同开发适用于科特迪瓦职业院校的专业教学标准，以提升科特迪瓦职业教育教师的高技能素养和技术创新能力。[2]

总体来看，科特迪瓦的职业教育教师培训正在朝着专业化、国际化的方向迈进，职业教育质量逐步提高，以满足国家发展需要。

第二节 教师教育的特点和经验

一、教师教育的特点

（一）教师教育偏重基础教育

目前，科特迪瓦教育的重心是保证基础教育普及，减少文盲数量，降低文盲比例，提升全民教育素质。教师教育项目大多集中在基础教育阶段。

---

[1] 资料来源于科特迪瓦国家技术教育与职业教育学院官网。
[2] 资料来源于上海出版印刷高等专科学校官网。

以 2011—2021 年科特迪瓦教师培训项目为例（见表 9.1），基础阶段的教师培训项目丰富多样，针对性强。有针对授课教师教学法和学生工作技巧的培训，也有提高教育教学管理者的管理理念和水平的项目。在新冠肺炎疫情期间有针对线上教学特定的技能培训，逐步将数字技术融入教师教育当中，促进了国家教育的数字化进程。这一方面表明了科特迪瓦对基础教育阶段教师培训的重视，另一方面反映出科特迪瓦技术教育和高等教育教师培训相对欠缺。

表 9.1 2011—2021 年科特迪瓦主要教师培训项目[1]

项目名称	年份	培训对象	培训时长
中小学合同制教师培训	2011	4 535 名中小学教师	30 天
	2012	3 000 名中小学教师	45 天
	2019	5 300 名中小学教师	60 天
		5 000 名中小学教师	
教学模式与教学评估能力强化培训	2012—2014	58 168 名教师	3—5 天
小学助理教师能力强化培训	2012—2016	5 000 名中小学教师	7 个月
小学普通教师和初中教师能力强化项目	2015—2017	600 名中小学教师	7 个月
小学一二年级读写能力与算数能力教学提高项目	2021—2023	185 所学校 36 个地方教育局	7 个月
小学一至四年级读写算术教学能力提高班	2019—2023	1 225 名教师 378 所小学	7 个月

---

[1] 资料来源于《科特迪瓦教师培训国家战略》。

续表

项目名称	年份	培训对象	培训时长
小学教师、中小学与学前教育学校校长能力强化项目	2018—2022	10 000 名小学教师 15 000 名小学校长 1 000 名中学校长	7 个月
初级教育读写算术教学能力提高班	2015—2022	3 800 名小学教师	5—15 天
因材施教与问题学生处理培训项目	2018—2019 2021—2031	40 000 名教师	7 个月
私立学校教师与管理层培训项目	2011—2021	26 000 名学前教育和中小学教师	15 天
学前教育、初级教育监督局教学法监督与管理项目	2011—2020	10 000 名教师	1—3 天
初中双科目教师能力建设与课堂提高班	2020	1 085 名初中双科目教师	7 天
远程学习计划	2020—2023	500 名中小学教师	5 天
非洲法语国家教学系统应对新冠疫情能力建设项目	2021—2022	150 名中小学教师	7 天

（二）教师教育全方位、一体化发展

教师培训是国家层面、地区层面和教师个人层面的统一体。科特迪瓦的教师培训有明确的工作逻辑，每个级别有相应的责任和工作，共同实现教师教育与发展。

国家层面，科特迪瓦将教师培训作为服务国家教育政策的重要方式。国家部委制定好计划后需要地区教育局协助推进。《科特迪瓦教师培训国家战略》规定了教师培训的优先项目。对于任课教师，教师培训的重点首先是对教学法的理解与掌握，包括提高小学教师在读写和计算方面的教学能力；强化初中非语言教师的法语水平；帮助中学教师理解教学大纲；促进自然科学学科的教学；鼓励任课教师根据地方特色编写数学和自然科学学科的教材并制作教具；加强教师的艺术、体育和文化培训；普及民族语言教学，将法语作为第二语言教学。其次是加强任课教师的跨学科技能，包括课堂的有效管理，尤其是对大课的组织与教学方法的学习；科学备课技能培训；差异化教学意识与能力培训；有效将数字技术融入教学与管理工作中；在课堂管理中考虑性别因素；防止校园暴力；提高课堂的包容性，降低辍学率；加强教师师德师风的培训和对法律法规的理解。在硬件条件上加大对教学设备的投资，建立线上网络平台共享教育资源，并改善学校教学条件，对教室进行装修和完善。

地区层面，教师培训有利于中小学校及时向地区教育局和国家教育部反映学校与教师的特点。教师培训可以参考各教学单位的特点，帮助地区和国家管理部门制定更有针对性的培训项目，同时也有利于各地方之间的教学人员交流互动。根据《科特迪瓦教师培训国家战略》，未来教师培训发展的新方向是教学法的创新，为此提出了开放和远程培训项目，地区教育局需要严格配合国家战略提供物力方面的支持，例如教学资源数字化，确保教师可以通过电脑、手机和网络直接获取与教学有关的内容，在学校内建设信息中心或多媒体教室，确保教师在学校内可以随时下载和上传教学资源，此外还需要有足够的空间储存和查阅纸质教学资源。

教师层面，教师可以通过教师培训表达个人诉求，这有利于地区和国家管理部门总结地方教学特点，提高教育政策制定的针对性。教师在培训项目的选择上有相对自主权，可以根据自己的专业背景和兴趣爱好选择合适的培训项目，将职业发展和个人兴趣爱好相融合。

科特迪瓦目前初步实现了三个层级的联动，保证教师培训的正常进行。

（三）混合式教师培训法

《科特迪瓦教师培训国家战略》明确指出教学管理人员培训的重点之一是加强混合式培训模式的探索与实践，教师培训不局限于线下课堂。近年来，科特迪瓦着重发展线上课程，教师教育也成为重要的组成部分。线上培训对于教师来说有众多优势，消除了地域限制，减少了因流动产生的培训费用。每位教师可自行选择培训的时间。

科特迪瓦政府成立了国家数字教学资源中心，在国家层面开发专门用于开放式远程学习的平台，与各学校、图书馆等机构联合提供线上可供查阅的各类资料。在地区层面，地方教育局与其他管理部门提供上网的设备与设施，开放资料文献下载权限，并且尽量提供同等的纸质材料，保证教师在培训期间方便快速查到资料。根据教师所在教学阶段，负责的教育部委为每位接受培训的教师配备一名助教，助教根据培训类型对每位接受培训的教师进行 1—6 次访问，确保助教能够实地检查培训期间教师掌握相关技能，最后会对学员所学技能进行评估，颁发证书。

二、教师教育的经验

（一）扩大教师教育资金来源

根据《科特迪瓦教师培训国家战略》，科特迪瓦政府的一个目标是实现每年至少将教育预算的 2% 用于教师培训。从教师教育资金来源看，政府有一定投入，国际组织和外来援助占据重要比例。2011—2021 年，科特迪瓦教师教育的资金来源主要包括总统紧急计划、政府常规预算、联合国教科文组织、中国政府、法语国家大学联盟、联合国儿童基金会、法国发展署、法语国家大学联盟和法国减债与发展合同基金、全球教育合作伙伴与世界银行、救助儿童会和科特迪瓦读写算术能力提高计划、可可社区教育改革组织、伊斯兰发展银行、欧佩克国际发展基金、联合国儿童基金会等。

（二）推动教师教育国际合作

科特迪瓦尤其注重与法国、中国和联合国教科文组织的合作。由于科特迪瓦教育制度与法国制度的相似性较高，科特迪瓦的教师教育与法国密切相关。法国在科特迪瓦设立了非洲法语国家教师培训中心，中心设在位于阿比让市的最大的法语学校让·梅尔莫兹国际高中，预计到2026年，该中心将为来自撒哈拉以南非洲法语区的10 000名教师提供面授和远程培训课程，并承诺为这些教师提供终生职业指导。[1]

科特迪瓦也积极与中国和联合国教科文组织合作，开展教师培训项目。2014年，中国成立联合国教科文组织—中国信托基金，该项目是中国第一次通过联合国教科文组织成立的支援非洲发展信托基金，旨在帮助非洲国家提高教师培训机构的培训能力，为非洲培养出高质量的教师。科特迪瓦是首批接受该基金对教师教育援助的非洲国家。2022年6月，由北京师范大学主办，北京师范大学教育学部、联合国教科文组织非洲能力建设国际研究所和联合国教科文组织国际农村教育研究与培训中心线上组织了2022年中非教育学院院长论坛，围绕"共同构想教师教育，迈向中非命运共同体"这一主题展开交流研讨，在教师教育发展路径、政策实践与学术研究等方面分享了宝贵经验。

科特迪瓦政府还计划通过双边、多边的合作机制与其他国家、国际组织开展合作，鼓励非政府组织、基金会、企业投资科特迪瓦国家教师教育计划。

---

[1] 资料来源于法国《世界报》。

第三节 教师教育的挑战和对策

一、教师教育的挑战

（一）教学督导人员有限

在科特迪瓦，教师督导是指由教育部门委派的专业人员对教师的教学活动进行监督、指导和支持的人员，对于确保教育质量和教学效果至关重要。根据科特迪瓦国民教育与扫盲部的督导标准，每30名教师须配备1名督导员。学前和小学的教学督导员每月巡察15次，即每年巡察约105次，中学的每位教学督导员每年必须巡察50次。目前小学和中学的教学督导员人数远不足以达到上述标准。2018—2019学年和2019—2020学年的相关数据显示，从地区分布看，农村地区开课教师数量较多，这表明农村地区教学需求更大。城市地区和农村地区从未见过以及接受督导的教师比例没有明显差异，总体比例均未达到50%以上，这表明科特迪瓦全国普遍缺少教师督导人员（见表9.2）。

表 9.2 2018—2019学年和2019—2020学年农村和城市地区接受教学督导访问的教师人数 [1]

地区	学年	开课教师人数	接受教学督导访问的教师 人数	接受教学督导访问的教师 比例
农村地区	2018—2019	52 888	6 109	12%
农村地区	2019—2020	54 399	7 143	13%

---

[1] 数据来源于《科特迪瓦教师培训国家战略》。

续表

地区	学年	开课教师人数	接受教学督导访问的教师 人数	接受教学督导访问的教师 比例
城市地区	2018—2019	41 420	3 796	9%
城市地区	2019—2020	44 324	4 989	11%
全部	2018—2019	94 308	9 905	11%
全部	2019—2020	98 723	12 132	12%

从学校类型来看，公立学校接受教学督导指导的人数、比例较多，几乎是私立学校的 2 倍（见表 9.3）。这表明有限的督导资源会优先考虑公立学校，全国总体面临较大的教学督导缺口。

表 9.3 2018—2019 学年和 2019—2020 学年公立和私立学校接受教学督导访问的教师人数[1]

学校类型	学年	开课教师人数	接受督导的教师 人数	接受督导的教师 比例
公立学校	2018—2019	76 976	9 082	12%
公立学校	2019—2020	79 827	10 782	14%
私立学校	2018—2019	15 187	792	5%
私立学校	2019—2020	16 775	1 321	8%

教师缺乏教学督导的指导会容易导致教师对教学法的理解和使用出现偏差，也会导致农村地区与城市地区，私立学校与公立学校之间的差距加大。

---

[1] 数据来源于《科特迪瓦教师培训国家战略》。

（二）教师教育缺乏理论指导

目前科特迪瓦教师教育缺乏系统的理论指导，虽然政府为教师设计了不同类型的培训课程，一定程度上提高了教师的教学技能，但在教育理论和教学方法的系统性学习方面有所欠缺。教师在培训过程中学到更多的是具体的教学技巧和策略，教育学、心理学等基础理论较为薄弱。这导致教师在实际教学中难以灵活运用理论知识来解决教学问题，在实践培训中获得的技能也较为零散，缺少统领性思想作为指导，使得教师教育整体效果不理想。

（三）数字化发展缓慢

科特迪瓦目前的教师培训工作还停留在课程知识培训和教学法入门方面，并没有专门针对教师群体进行数字技术的培训。教师在数字资源的开发和利用方面存在明显不足。其一，数字化教学设备短缺。多媒体教室、投影仪、电子黑板等教学工具数量有限，大多分布在城市地区和公立学校，尚未在全国普及开来，一定程度上阻碍了数字化进程。其二，配备了相应设备的学校难以为教师提供全面的教学辅导，教师不能有效使用设备，更倾向于使用传统方式授课，导致数字资源难以得到充分利用。

（四）机构运行效率低下

科特迪瓦有多个部委和下属机构负责不同阶段的教师培训，参与机构数量多，部门之间的信息无法在第一时间共享，工作效率低下。不同阶段、不同专业的教师在不同的学校进行培训，这些学校也隶属于不同的部委，在制定政策规划、经费划拨时存在差异。各部门对于教师培训的推进程度不同，教师需求和培训资源信息交流共享成本较大，不论是教师本人还是教师培训机构都难以及时获得全面信息。参与教师培训的机构数量众多，每个部门或机构可能独立开展培训计划和活动，缺乏整体协调和资源整合，存在重复劳动和资源浪费的问题。

二、教师教育的对策

（一）制定教师培训方案

2022年，科特迪瓦国民教育与扫盲部发布的《科特迪瓦教师培训国家战略》规定了新一轮教师培训方案，对培训模块、时长等均做了明确说明，确保教师教育有序进行。该战略提出了三种教师培训方案。

方案一涉及为公立、私立、社区和教会所有学前教育和基础教育阶段的教师，提供短期进修培训，培训周期为5年。每位教师在5年中接受30个单元的培训，总培训时长为270—450个小时。进修课程的重点有以下几个。首先是教授教学工具的使用，主要集中在法语和数学课程，通过培训让教师更好地规划板书、使用多媒体设备提高课堂教学效率。其次是通过培训更新教学方法，例如，如何通过简单易懂的语言讲解知识点，帮助学生理解；如何深入科目教学法的研究，提升教师本人对于学科的理解和认识，从教学理念和教学手段两个方面提升教师授课的理论性和系统性；如何科学评估学生表现，帮助教师建立多元化的评估体系，充分挖掘学生潜能。

方案二对所有学校的教师进行短期和中期培训，培训周期为5年。教师需要完成2个单元的培训（每单元培训时长18—48小时），总培训时长为36—98小时。培训目的是确保每名教师都能巩固其学科专业技能，提高教学水平。

方案三主要面向拥有大学学位的教师、希望获得教授第二学科所需的专业知识和技能的单科中学教师和希望成为单一课程的中学教师。该方案涉及长期培训模块，教师需要完成时长为50—150小时和100—300小时两个单元培训，为职业流动和承担新职责做好准备。通过深入和强化模块学习新技能并巩固已学知识，教师培训结束可获得职业流动资格。

（二）设立教师培训评价体制

科特迪瓦教师培训主要从培训技能、培训效果和培训影响三个层面进行评估。

首先，培训技能评估。在培训课程期间或结束时进行现场评估。其次，培训效果评估。评估培训期间所学知识在专业领域的实际应用情况。此类评估在培训结束数月甚至数年之后进行，因为接受过培训的人员需要时间将所学知识应用到工作中去，属于延迟评估。最后，培训影响评估。教师在接受培训教育前有预期目标的设定和规划，例如提高教学技能或者提高升学率等具体指标。这种影响评估往往需要时间周期来观察结果，因此可以在培训结束多年后进行。

评估指标包括在线培训出席率；单一培训单元完成率；多模块课程完成率；培训材料（电子和纸质）的可用性；教师被访问比；学校管理层参与促进和监督培训课程的情况；学校理事会和教学单位集体参与培训模块主题工作的情况；培训内容制作的质量；后勤协调情况。

培训评估的对象不仅仅是接受培训的任课教师，也有校方管理层及其他相关人员，目的是确保教师培训的每一环节的积极性都能被充分调动起来，形成科学的培训体系，共同保证教师培训的质量。

（三）促进信息共享

科特迪瓦成立了多所教育学及教学法实验室，旨在一方面加强教师在实习、培训期间教学理论的学习，另一方面自主进行教学法创新。教师通过参与实验室组织的各类培训、会议、论坛等活动，可以自主建立教师关系网，实现教师内部的信息共享。同时，国民教育部与阿比让高等师范学院之间信息共享，共同培养见习教师，保证见习教师的实习与实际工作相结合，帮助见习教师更快适应实际教学环境。

第十章 教育政策

近年来，科特迪瓦政府加强对教育部门的管理，切实提高教育质量与水平，提出了多项教育政策，实施教育改革，制定发展目标，明确发展需求。然而，科特迪瓦在教育方面仍存在着结构性问题，教育质量和学生的实际学习成果仍需进一步改善。

第一节 政策与规划

一、教育政策

（一）1995年科特迪瓦教育法

1995年科特迪瓦颁布的95-696号法律是全国最重要的教育法律。该项法律共有5章。

第1章共3节。第1节为教育法的一般原则，规定了教育作为公共服务的组织原则、目的、阶段分布和评估体系。第2节明确教育机构的使命与管理，规定由小学、初中、高中、高等教育机构、职业培训中心以及远程教育机构负责提供公共教育服务，每个机构应设立管理部门，确保教育机构的正常运行。第 3 节涉及教育的权利和义务，学生、教师、教育行政人员、教育机构负责人及学生家长需履行相应义务与权利。

第 2 章涉及学前教育和小学教育，共 4 节。第 1 节规定了学前教育和小学教育的目标是发展儿童的智力并树立初步的道德观念。第 2 节树立了学前教育和小学教育的原则。学前教育和小学教育需将劳动实践与公民道德行为紧密联系，加强儿童对国家文化的认同感。第 3 节明确了学前教育和小学教育机构的职责，儿童在完成学前教育后进入小学教育阶段。第 4 节规定了教育工作人员的职业发展与晋升的相关规则。

第 3 章涉及中学教育和职业教育，共 4 节。首先规定了中等教育包括普通中学和职业中学教育，其目的是对公民进行专业培训，使年轻人能够在进入工作领域后尽快熟悉工作或者做好进入高等教育阶段的准备。其次是职业教育原则，强调职业教育应当符合国家发展目标和劳动力市场需求。企业等社会机构需要为中学教育提供资助。最后涉及教师资质，学校可以聘用有专业经验的兼职教师授课。

第 4 章聚焦高等教育部分，共 4 节。第 1 节明确了高等教育的使命及组织架构，强调了高等教育在传播知识、创造知识和促进国际合作中的重要性；高等教育部门下设数个机构，负责研究咨询、教育评估、颁发学位和奖学金发放。第 2 节明确了高等教育原则，强调了国家颁发学位的权威性。第 3 节规定了高等教育机构应当设立研究中心和培训中心。第 4 节对于高等教育教师做了更为细致的分类，包括教学人员、研究人员、借调人员、兼职教师等。

第 5 章是过渡性条款，再次重申本教育法的权威性和唯一性。

（二）2015 年科特迪瓦教育法修订案

2015 年第 2015-635 号法律对 1995 年教育法进行了修改。

第一处修改强调了"年满 6 岁儿童的父母有义务确保子女在 6 岁时在办学机构完成注册，并确保他们的子女在 6—16 岁接受义务教育"。学生家长需要负责他们孩子学业的正常运行，并与国家教育机构的管理部门的学区代表保持联络，了解义务教育的相关规定。法律明确规定了"父母"的法理意涵，即孩子的父亲、母亲和其他直接监护人以及行使直接监护权的相关机构，其目的是保证所有学龄儿童能够接受义务教育。

第二处修改关于中学教育。2015 年教育法增添了关于中学教育的入学与组织管理条例，规定中学教育为第二级教育（在小学教育与高等教育之间）。接受中学教育的必备条件是获得小学教育证书。中学教育按周期组织分为两类，第一类是普通教育和技术教育，第二类是职业教育。

第三处修改添加了两款条例。第一款条例面向家庭，违反义务教育法的父母将要承担法律责任，未保证学龄儿童接受义务教育的父母将面临 2—26 个月的监禁和 50 000—500 000 西非法郎的罚款。第二款条例面向国家，为确保义务教育法得以实施，国家需逐步在 2025 年年底之前完成学校基础设施改善和师资队伍建设工作。

二、教育规划

（一）教育规划历史沿革

科特迪瓦的教育规划与其国家政治及所处社会现实紧密关联。通过回顾科特迪瓦的教育规划历史，我们不难发现，科特迪瓦的教育体系在不同历史时期进行了多次调整和改革，以适应社会和经济发展的需求。与此同时，科特迪瓦的教育观念也在悄然发生改变。科特迪瓦教育规划经历了以下发展阶段。1893—1960 年的教育规划由法国殖民政府制定，主要目的是维护殖民统治，为殖民政府培养当地人才。1960—1975年以被动性的传统教学方法为基础，旨在培养具备一定技能、能够为国家和民族建设贡献力量的人才。1977—1995年推行以主动教学法为基础的新教育规划。这一时期的教育改革将学生重新置于学习活动的中心，强调引导学生的学习自主性，培养学生的自主学习能力。1995—2002年强调的教育改革目的是让科特迪瓦公民了解科特迪瓦的实际发展情况，培养他们的公民意识，促进科特迪瓦的对外开放与交流。2003年至今，在科特迪瓦全面推行6—16岁义务教育的背景下，该阶段的教育规划强调以发展技能为基础的教育理念。[1]

（二）现行教育规划

1. 2016—2025年教育发展计划

"2016—2025年教育发展计划"是科特迪瓦目前最重要的教育发展战略，由科特迪瓦国民教育、技术教育与职业培训部，高等教育与科学研究部以及政府内负责技术教育和职业培训的秘书处共同完成该计划目标。到2025年，科特迪瓦教育系统将能够为所有儿童和成人提供优质、公平和包容的教育，增强公民就业竞争力和技术创新力，使他们能够为其社区和科特迪瓦国家社会经济发展做出贡献。

2. 2016—2025年技术教育和职业培训改革战略计划

"2016—2025年技术教育和职业培训改革战略计划"为科特迪瓦的技术教育和职业培训制定了短期、中期和长期目标，并为实现这些目标提出

---

[1] 资料来源于科特迪瓦政府官网。

了战略路径。该计划共分为三个部分，第一部分是对科特迪瓦技术教育与职业培训的现状进行梳理，包括管理结构、培训结构、地理分布和培训人员等。第二部分提出了战略实施规划，包括建立培训机构—企业伙伴关系、扩大技术教育与职业培训系统的覆盖范围、增多技术教育与职业培训机会、实施技能认证、加强技术教育与职业培训系统管理、向技术教育与职业培训系统提供资金支持。第三部分则介绍了成功实施改革的条件，以及目标人群、受益机构和监测评估体制框架。

3. 2021—2025年国家发展计划

科特迪瓦的"2021—2025国家发展计划"是由政府推出的一项新的5年规划法案。该计划首先强调了职业教育在科特迪瓦教育体系中的重要性，并且重申了教育公平性的原则，特别是关注基础教育阶段女童、农村地区儿童和贫困家庭儿童接受义务教育的必要性和紧迫性。此外，计划还提出了加强这些地区人群的扫盲教育。为了提升整体教育水平，计划还致力于将数字技术融入各个教育阶段，以增强教育的信息化和数字化程度。

4. 第二期政府社会计划（2022—2024年）

作为"科特迪瓦2030愿景"框架的一部分，科特迪瓦政府在巩固第一期政府社会计划（2019—2020年）成果的基础上，制定了第二期政府社会计划（2022—2024年），以解决贫困和不平等问题，为实现"团结的科特迪瓦"贡献力量。2021年12月22日，科特迪瓦部长会议对这一计划拨款总额近3.2万亿非洲法郎。该计划共包含五大工作中心，其中第二个工作中心便是"改善小学教育、中学教育和高等教育的学习条件"。[1]

---

[1] 资料来源于科特迪瓦第二期政府社会计划2022年第三季度执行进度报告。

第二节 挑战与实施路径

科特迪瓦目前正在进行的教育体系改革充分考虑了本国的教育现状和未来发展需要，通过上述教育政策与教育规划来确保教育的包容性和公平性。然而，在落实教育政策和教育规划的过程中，不同教育阶段的教育体系所面临的挑战各不相同。为了实现建设高质量的全民教育和培养具有竞争力的就业人才的目标，科特迪瓦政府多个部门协调出了针对不同教育阶段的教育政策实施路径。

一、学前教育政策的挑战与实施路径

（一）学前教育政策的挑战

科特迪瓦在学前教育阶段需要达到的教育目标是确保学前儿童获得高质量的学前教育服务，主要考核指标有学前教育总入学率、学生/合格教师比例、符合国家标准的学前教育服务设施比例、社区中心儿童入学比例、学前教育中的性别均等指数。学前教育阶段所面临的最大挑战是城乡差异明显，教育资源分配极不平衡。在城市地区，由于经济条件较好，私立教育机构得以迅速发展，提供多样化和高标准的学前教育服务。相比之下，农村地区的学前教育资源匮乏，合格教师稀缺，难以满足当地儿童的学前教育需求。此外，城市家长通常更加重视学前教育，并愿意投入时间和资源参与孩子的学前教育过程。相反，在农村，受到文化和经济因素的影响，家长可能对学前教育的重要性认识不足，缺乏参与孩子教育的意识和能力。

（二）学前教育政策的实施路径

1. 为儿童提供充足的学前教育机会

第一，小学教育机构为5岁儿童提供学前教育。在新建小学学校中设立学前班；在现有小学学校中增设学前班；统一学前教育培训方案；招聘助理教师。第二，加强对农村地区4—5岁儿童的社区服务，重点关注农村地区的儿童教育，保证他们能够获得与城市儿童同等的公共教育服务。农村地区的学前教育由社区中心负责，其目标是培养4—5岁儿童的认知能力，支持家长参与学前教育活动，并通过国家、社区和政府之间的三方合同，培养家庭和社区负责学前教育的能力，实现学龄前儿童的综合发展。第三，监督私立学前教育机构。由于科特迪瓦通过私立教育机构获得学前教育的儿童比例较大，且主要集中在城市地区，为了确保私立学前教育机构的质量，这些机构需要定期接受评估。第四，提高学前教育质量。鼓励学校与儿童保护机构合作，建立校级层面的侦查和报告机制，制定和传播反对暴力侵害儿童的行为守则，确保儿童在学校和家庭免受身体、心理、言语和性暴力。同时，提高社区对儿童综合发展的关注并鼓励社区积极参与学前教育。

2. 保障儿童在学校、家庭和社区享有优质的学前教育环境

一是制定家长教育计划。帮助家长建立学前教育意识，培养方式方法，以促进儿童认知、情感、语言的发展。负责学前教育的各部委针对家庭和社区的家长教育计划制定文件，普及亲子教育计划。二是实施一揽子综合服务。教育部将与其他护理机构合作，通过改善卫生条件和加强卫生基础设施建设，为学龄前儿童提供健康饮食和安全的生活环境。

二、基础教育政策的挑战与实施路径

（一）小学教育阶段

1. 教育政策的挑战

科特迪瓦在小学教育阶段希望达到以下 3 点目标。第一，完成覆盖 6—11 岁儿童的扫盲工作，帮助他们完成小学阶段的学习；第二，帮助 10 岁及以上不识字或教育体系外的人员掌握初步的读写和算术能力；第三，向教育系统外的人员提供优质的诸如社会辅导与培训班等形式的非正式教育。这一教育阶段的主要考核指标包括小学一年级的毛入学率和净入学率、小学毕业率、毛受教育率和净受教育率、学生教师比例、小学生数学和法语的考试分值、小学中的性别均等指数。

在小学教育阶段，科特迪瓦教育政策的实施主要面临 4 个方面的挑战。第一，不同区域的入学率和性别差异明显，北部和农村地区的入学率仍然较低。第二，教育资源不足，教室数量缺口较大，教学设备和教学材料陈旧，学生缺乏学习所需的教材。第三，教育质量较低，学生的留级率和辍学率高，且数学和阅读能力低于国际平均水平。第四，师资严重匮乏，且教师的缺勤率高，缺乏教学跟踪和考核。

2. 教育政策的实施路径

（1）保障小学学龄儿童的受教育机会。第一，制定校园建设计划。每年新建超过 3 000 个教室；修复 5% 的旧教室；动员社区力量改善学校的接待条件；修建达到国家标准的卫生设施。第二，为教育系统外的儿童提供替代性教育机会，如设立衔接班或提供职业培训机会。这一措施主要针对原应接受小学教育的 10—13 岁的失学、辍学儿童和原应接受中学教育的 14—16 岁的失学、辍学儿童。第三，将社区学校和伊斯兰学校纳入正规教育体系。根据国家标准，评估此类学校的教学质量和运行情况；加强能力规范建设；按照国家标准进行规范教育培训，向社区学校分配教师并负责其运作。第四，为人口稀少的地区制定专门的教育建设计划。政府每年根据教育资源的实际需求和人口分布的特点，制定和调整教育准入标准，确保每个建设项目都能公平地服务于最需要的区域，解决入学率低和教学质量低的问题。第五，为解决教育师资匮乏及教师缺勤率高的问题，调整教师招聘和培训政策。对教师招聘政策进行审查；加强对教师的基础培训；招聘女性教师并维持女性教师在岗率，特别是在女孩入学率较低的地区。第六，保障没有出生证明儿童的受教育权利。学校不得以没有出生证明为由拒绝儿童入校，民政部门可为相关人员补办手续。此外，国民教育部与内政司法部合作建立协商框架，提高行政效率，简化行政手续，缩短办理入学所需时间。第七，监督私立教育机构，确保教育质量，根据国家标准完成评估工作。

（2）保障小学学龄儿童在学校、家庭和社区享有优质的外部学习环境。第一，改善学校的安全和卫生条件。针对学生开展卫生教育和全面性别教育；制定校园最低卫生标准；建设基础设施；保障药品供应。第二，加大对校园暴力的打击力度。政府开展更多的宣传活动，加强民众对于相关法案的了解；制定儿童保护与教育工作人员行为守则；对教师进行有关保护儿童权利的教育培训，开发供教师使用的教学工具。第三，制定并实施鼓励性措施，促进并保障儿童正常入学。补贴学校食堂；在所有公立学校免费发放学习用品，并为弱势儿童提供课本；为学习成绩好的学生提供奖励。第四，加强数字技术在教学中的应用。培养教师数字化教学资源的生产和使用能力；支持学校将数字技术运用于行政和教学管理，特别是监测出勤率和学习成绩。第五，优化小学的运行模式，通过更严格的管理措施提高学校的工作效率，包括精心组织教学活动、更新和完善教学设施与资源（如工具包、教科书及教师指南等），同时积极促进学校管理委员会的发展。此外，通过对小学教育参与者进行系统的培训，并开展标准化的评估，确保教育质量的持续提升，从而达成教育目标。

（3）为10岁及以上的不识字人员或教育系统外人员提供足够的受教育机会。第一，提高扫盲教育质量，将更多的公共资源用于在小学开设扫盲中心。确定和培训有资格开展扫盲活动的经营者与推广者；修订和调整扫盲计划，确定扫盲教材；制定招聘扫盲教师的标准；对扫盲教师进行监测和培训活动；为扫盲志愿者引入经济鼓励机制；评估扫盲方案和计划。第二，发展扫盲伙伴关系。与非政府组织、社会组织和企业等非国家行为体建立伙伴关系，合作伙伴负责为培训活动提供资金。

（二）初中教育阶段

科特迪瓦初中教育政策预期达到的目标是确保12—15岁的学生有机会接受优质教育，并完成普通中学阶段教育。这一阶段的主要考核指标包括小升初比例、初中毕业率、初中生留级比例、初中毛入学率、初中生留级率等指数。

1. 教育政策的挑战

在初中教育阶段，科特迪瓦教育政策的实施面临着4方面的挑战。第一，初中教育阶段的基础设施和教育资源严重不足，教育资源无法满足学生需求。第二，教育成本高昂，私立学校占据了初中教育的主体。第三，初中教育的完成率低。第四，性别不平等问题显著。

2．教育政策的实施路径

（1）为初中生提供充足的受教育机会。第一，持续在没有中学的地区建立更多中学，充分动员各类社会资源建立条件达标的公共卫生设施；招聘更多有资质的初中教师，保证教学质量。第二，支持女童教育。向在校表现良好的女孩颁发优秀奖；向最贫困地区的女孩提供诸如粮食等基本生活补助；向初中一年级的弱势女生群体提供奖学金；实施可持续预防早孕战略，提供全面性教育。第三，监督私立中学办学质量。私立中学需要参加结构性评估，从而不断提高教学质量；加强对私立中学的行政监督，确保助学补贴符合国家规定，保障学生权益。

（2）打造有利于初中生教育的学校、家庭和社区环境。首先，致力于全面提升学校内的卫生与健康标准，创造更安全、更健康的校园环境。其次，增强对校园暴力行为的遏制与惩戒力度，并持续强化教育领域对于校园安全的关注；通过制定与推广有效的校园暴力预防机制，构建预防校园暴力及处理校园冲突的全面体系。最后，制定并执行促进入学的激励措施，包括改革奖学金制度，特别关注来自贫困地区的女童入学问题。

（三）高中教育阶段

1．教育政策的挑战

科特迪瓦高中教育阶段的政策目标是确保16—18岁学生获得优质的高中教育。主要考核指标包括升学率、学业完成率、留级率、复读率、性别均等指数等数据。在高中教育阶段，科特迪瓦面临的主要挑战与初中教育阶段相似，主要包括教育资源不足、辍学率较高、城乡发展差异大、地方政府执行力不足几个方面。

2．教育政策的实施路径

（1）加强基础设施与规范私立学校管理。首先，规划学校建设。通过在现有学校增设教室以充分利用现有资源，并在教育资源短缺的地区新建学校来扩大容量。其次，优化教育资源配置。延长教师的有效授课时间，特别关注和支持那些需要帮助的学生；减少教学人员承担的非教学任务；明确界定行政职能，实现初中与高中教师工作的无缝衔接；合理调配师资力量，提高教室利用率；确保高中教师的实际教学时间尽可能达到每周18小时的国家标准；对校领导进行学校管理的专业培训。最后，规范私立高中的管理。国民教育部应严格审查接受国家资助的私立高中，确保其开设科学类必修课程，提升教学与行政管理水平；要求私立高中聘用具有专业资格的长期全职教师，并为这些教师提供持续的职业发展与培训机会。

（2）多方面优化高中教育体系，营造优质的学习环境。第一，激励学生投身理工科。研究并改革中学毕业会考制度；为理工科方向的本科生设立选拔性考试，鼓励他们未来成为高中理科教师；建立文献和信息资源中心及实验室，配备必要的资源，激发学生对科学的兴趣。第二，加强对特殊需求群体的关注，包括残障学生、女生以及来自贫困地区的学子。第三，促进信息通信技术与教学管理的融合，鼓励教师积极参与信息技术和虚拟实验室使用的培训。

三、高等教育政策的挑战与实施路径

1．教育政策的挑战

科特迪瓦在高等教育领域的主要目标是建立一个高效且具有竞争力的

教育体系，确保学生能够接受高质量的高等教育，并成功地进入职场。关键的评估指标包括：大学生所占人口比例、选择理科专业的学生比例、大学毕业生的就业率、大学的师生比例，以及高等教育中的性别均等指数。

然而，在推行高等教育政策的过程中，主要面临三大挑战。首先，如何实现高等教育系统的有效与高效管理。其次，如何增强毕业生与就业市场之间的联系与融合。最后，如何提升公立大学及精英院校的教学质量。

2．教育政策的实施路径

为应对上述挑战，科特迪瓦相关政府部门将采取如下措施。

（1）为学生提供规范、全面、多样的高等教育环境。第一，扩大青年的高等教育可及性。依据国家战略和社会需求，在各地区建设5所大学，并对现有大学进行扩建与翻新；创建2所高等职业技术学院；设立技术大学文凭；强化就业指导，将学生的就业方向与国家发展目标相结合。第二，确保学年的标准化。征求高等教育机构及其他相关方意见，建立并推广全国统一的学年日历。第三，增强高校毕业生的就业竞争力。期望私营部门与高等教育联合委员会发挥更大作用，促进毕业生就业；在大学开设职业技能培训课程（如创业、项目管理、英语及数字技术等）；培养学生的创新精神；举办校园开放日活动，促进教师、企业家与学生间的交流互动。第四，协助高校毕业生迅速适应职场。开展职业前景调研，发布研究报告；设立高等教育毕业生就业观测站；持续跟踪毕业生就业情况，并提供信息咨询与专业支持。第五，在高等教育领域引入评估与监控机制。制定全国统一的高等教育标准与规范，确保所有高校严格执行，提升教育与管理服务质量。第六，加强对私立高等教育机构的监管。要求私立高校按照国家标准提升教学与管理水平；其教职员工需参加全国统一培训并通过考核；私立高校需接受校内外多层次的评估。第七，推进信息通信技术的应用与发展。

在本科、硕士、博士三个层次的改革过程中，将信息通信技术置于核心地位；加强高等教育机构的数字基础设施建设，提升数字资源的利用效率；将数字技术整合进人力资源管理；建立并运营自动化的信息与管理系统，以提高规划与决策效率；构建国际化的教育网络，促进高校间合作。第八，强化对学生教学的监督，提升教学质量。在师资短缺领域增聘教研人员；优化人力资源配置；采用创新教学法，满足学生的个性化需求。

（2）加强与规范高等教育基础设施建设及相关政策。第一，强化大学基础设施建设，改善学生生活环境。新建和翻修学生宿舍与食堂；提升食堂的服务质量和餐饮水平；设立或完善校园医疗设施；加强体育及社会文化设施的建设和维护。第二，规范私立高等教育机构。政府减少对私立高校的财政补贴，并适当控制其招生规模；教育部门与私立高校签订合作协议，指导私立高校进行教学改革，确保其符合国家规定的教育标准。第三，为学生提供必要的经济援助。增加女性接受高等教育的机会；鼓励学生选择数学、物理、化学及经济学等关键领域的专业，并支持其攻读硕士学位，成为教学与科研人才。向就读于重点学科的学生发放奖学金；为无奖学金但有特殊经济需求的学生，尤其是来自偏远地区的学生提供助学金；为攻读数学和物理化学硕士学位的女生设立专项奖学金。

四、职业教育政策的挑战与实施路径

1. 教育政策的挑战

科特迪瓦技术教育和职业培训方面的教育目标是为 12 岁以上的科特迪瓦公民提供获得优质技术教育和职业培训的机会，使其提高知识和技能，提升就业竞争力，从而促进国民经济的发展。主要考核指标包括每 10 万居民中的学习者人数、从普通初中教育向技术教育过渡的比率、技术教育师生比、学生班主任比、技术与职业教育培训考试通过率、技术与职业教育培训性别均等指数等数据。

科特迪瓦技术教育和职业培训面临的主要挑战包括技术培训设备设施相对老旧，培训计划与社会经济发展需求不适应，技术教育与职业培训人员的能力薄弱，技术教育和职业培训过度依赖私营部门以及学校环境亟待改善。

2．教育政策的实施路径

（1）向接受职业教育人员提供充足的技术教育和职业培训资源。第一，国家提供更多的技术教育与职业培训机会，充分考虑劳动力市场需求及性别差异，特别是增加女性在工业技能方面的培训机会；建立新的技术教育与职业培训机构，尤其是针对女性的专门机构；对现有的机构进行整合和重组，补充必要的资源和人员。第二，优先发展关键领域。工业能源、服务业等是科特迪瓦目前最紧缺劳动力的领域。为了获得能力合格、适应市场规律的劳动力，科特迪瓦政府、教育部门和企业着重针对重点领域进行培训，通过加强培训强度、增加学员补助、扩大国际交流等方式，提升民众对于重点关键领域的关注程度，并在对外教育援助时优先表明自身诉求，通过内外共建、多行为体互动的方式，提升关键领域的职业培训能力，促进国家经济发展，促进劳动力市场良性循环。第三，设立培训课程。重点对象是14岁以上的青少年及未完成初中教育的人群，根据个人情况提供为期6—18个月的培训；培训内容根据学员年龄和先前的教育水平定制，并授予相应的资格认证；培训完成后，学员将获得结业证书。第四，颁发职业高中文凭。针对已完成初中教育但未取得高中文凭的年轻人，通过职业培训课程授予其职业高中文凭。第五，完善职业培训体系。结合市场需求与就业实际情况，建立全国职业咨询与协调委员会，以增强职业培训与就业市场的对接。第六，规范私立技术教育与职业培训机构。所有私立机构需接受内部与外部评估；私立培训机构的教职员工必须在国家技术和职业教育师范学院接受专业培训。

（2）为接受职业教育人员创设有利于职业技能学习的环境。第一，在职业教育中使用信息通信技术。制定统一的数字技术融入课堂大纲；教室配备多媒体设备并培训教职人员在教学活动和管理工作中使用多媒体技术。第二，加强职业教育培训机构内部安全、卫生和健康设施建设。建设基础设施；安装安全和警报系统；保证稳定和充足的能源供给；提供紧急医疗包；建立寄宿学校。第三，加强打击校园暴力。加强各界对于职业教育机构校园安全意识的培养，制定适合学员的保护规则和制度，并向所有从业人员普及行为守则。发展和平文化教育，建立预防及解决危机和冲突的机制。

第三节 经验与启示

一、教育政策的经验

（一）可持续发展意识强

科特迪瓦的教育政策致力于将不同性别、地域和家庭背景的学龄儿童纳入学前教育和基础教育体系，并将就业市场需求与国家社会发展战略纳入高等教育及职业教育培训之中。同时，该国注重各教育阶段教师的专业培训。这表明科特迪瓦在推进国民教育发展中，正积极朝着可持续发展目标迈进，增强其教育体系的包容性和持续性，不仅力求满足当前国家和社会对人才培养及科研的需求，还着眼于提升未来教育的竞争力。

（二）多方参与教育发展

科特迪瓦多项教育政策涉及家庭、社会、企业、国家政府相关部门，要求各方通力合作，共同为实现教育目标贡献力量。科特迪瓦已经意识到，国民教育的整体发展需要全员配合。政府通过政策和资金支持全面引导与促进教育发展。社会和企业通过建立学校和提供职业技能培训机会，一定程度上补充了科特迪瓦的教育资源。家庭则通过家庭教育，积极参与学校活动以支持学生成长。这种多方参与的教育发展模式极大缓解了公共开支的压力，一定程度上保障了学生的受教育权利。

（三）教育政策目标明确

科特迪瓦的教育政策的强目标性体现在其明确的战略方向和具体的实施计划。科特迪瓦政府注重保障学龄儿童接受义务教育的权利，同时也注重教育与就业市场的紧密联系。无论是基础教育还是职业教育，都与科特迪瓦社会经济发展需求紧密关联，以推动学生掌握符合劳动力市场需求的技能为目标。此外，科特迪瓦政府还致力于改善教育基础设施建设，增强师资力量，确保教育资源的公平分配，促进教育中的性别平等。这种与劳动力市场的紧密对接和对教育质量的持续提升，展示了科特迪瓦教育政策的高目标性和实用性。

（四）注重与国际组织合作

科特迪瓦的教育政策高度重视与国际组织的合作，以提升教育体系的质量。通过与联合国教科文组织、世界银行和全球教育合作伙伴等国际机构的紧密合作,科特迪瓦实施了一系列教育改革,旨在扩大教育机会、提高教育质量并推动教育的公平性。例如,科特迪瓦与联合国教科文组织合作,开展了针对教师培训的项目,以提升教师的教学能力和专业素养。此外,科特迪瓦与世界银行合作,通过一项针对学前和小学教育的计划,旨在改善教育基础设施、提供更多的教育资源,并确保所有儿童能够接受高质量的教育。这些国际合作不仅为科特迪瓦提供了宝贵的资金和技术支持,还引入了先进的教育理念和实践,有助于实现国家教育发展的长期目标。

二、教育政策的启示

(一)政府主导教育发展

科特迪瓦的教育发展资金主要依赖于政府投入。近年来,该国持续增加教育预算,特别是对基础教育和职业教育的支持。此举旨在提高扫盲率,改善教育质量,并满足市场对专业技术人员的需求。科特迪瓦政府采取了多项措施促进教育进步,包括立法规定6—16岁儿童必须接受义务教育,扩大教育的普及范围。同时,政府积极与国际组织合作,如与世界银行和联合国教科文组织联手,实施了一系列教育改革项目。这些项目不仅改善了教育基础设施,还提升了教学质量。政府的不懈努力显著提高了基础教育的入学率,并优化了职业教育和技术培训项目,为学生提供了更好的就业前景。这种由政府主导并辅以国际合作的教育发展模式,为其他发展中国家提供了有益借鉴。

（二）国际视野与本土文化相融合

科特迪瓦在教育发展中具有国际视野，与非洲、欧洲、亚洲等多个国家展开教育交流与合作，也同国际组织保持密切联系。受历史因素影响，法语和法国文化在科特迪瓦教育体系中占据重要位置，科特迪瓦在保证法语教学的基础上，在各阶段教育以及教师培训中加大了对非洲传统价值观和科特迪瓦本土民族意识的培养与传播，强化了科特迪瓦国民的民族认同感。

（三）推广现代通信技术

科特迪瓦教育政策中就学校等教育机构的硬件条件做出了明确规定，要求教室配备多媒体设备，并加强对教师的多媒体技术培训。科特迪瓦有意识降低数字鸿沟对本土教育的影响，尤其是在阿比让以外的欠发达地区，通过扩大基础设施建设、接受国际援助等方式提升学校的综合竞争力。

（四）推动教育平等政策

从科特迪瓦教育部委的数据统计和教育政策的制定可以看出，政府对于消除性别差异，提供针对女童和成年女性的教育法规和未来规划，以确保以上人群享有平等的受教育机会。这些政策的成功实施为其他发展中国家提供了宝贵的经验。

第十一章 教育行政

　　教育行政是政府的重要职能，由国家相关部委和机构对教育事业进行组织、领导和管理。科特迪瓦的教育行政主要分为三个层次，分别是中央教育行政、地方教育行政和机构教育行政。

　　在中央教育行政层面，科特迪瓦国民教育与扫盲部负责学前教育和国民基础教育，制定全国教育政策和战略规划，确保教育资源的公平分配，并提高教育质量和覆盖面。高等教育与科学研究部负责高等教育，管理全国大学和研究机构，推动科学研究的发展。技术教育、职业培训与学徒部负责组织技术教育和职业培训，通过制定相关政策和提供培训项目，满足国家对专业技术人员的需求。在地方教育行政层面，科特迪瓦共设有41个地区教育局和15个地区管理局，负责管理区域内的学校，实施中央政府的教育政策，并根据地方需求调整教育方案，促进教育资源的本地化配置和有效利用。在机构教育行政层面，各学校和教育机构负责具体的教育教学管理工作，包括课程设置、教师招聘与培训、学生管理等。学校管理层在确保教育质量和学生全面发展的过程中扮演着重要角色。

　　总体而言，科特迪瓦的教育行政体系结构完善，中央、地方和机构三级管理层级较为分明，各自承担不同的职能，共同推动科特迪瓦教育事业的发展。

第一节 中央教育行政

科特迪瓦的中央教育行政系统由多个负责教育和培训的部门组成，包括国民教育与扫盲部，技术教育、职业培训与学徒部，以及高等教育与科学研究部。其中国民教育与扫盲部负责国民基础教育，包括小学教育与中学教育，特别是6—16岁学龄儿童的义务教育。此外，该部门还负责扫盲工作，通过实施多项扫盲项目提升成年人的读写能力。高等教育与科学研究部负责科特迪瓦全国高等教育和科学研究的管理，推动科学研究的发展，确保科特迪瓦高等教育与国际标准接轨，提高毕业生的就业竞争力。技术教育、职业培训与学徒部负责组织技术教育和职业培训，通过制定相关政策和提供培训项目，满足国家对专业技术人员的迫切需求，确保学生在完成学业后具备市场所需的技能。在中央层面，科特迪瓦注重通过这些部门的协调合作来实现国家在教育领域的目标。

一、基础教育行政管理机构

科特迪瓦国民基础教育的行政管理权属于科特迪瓦国民教育与扫盲部。

2021年9月8日颁布的第2021-456号法令对2018年12月18日颁布的第2018-960号法令进行了修订，确定了科特迪瓦国民教育与扫盲部的组织结构。2022年5月4日颁布的第2022-301号法令规定了国民教育与扫盲部的职权范围与任务，负责执行和跟进政府的国民教育和扫盲政策，并与其他相关部委共同合作，开展关于国民教育和扫盲方面的工作。

科特迪瓦国民教育与扫盲部由内阁、7个附属服务处、监察总局、21个中央局和2个对外服务处组成。其中内阁设立主管和副主管各1位、1位行政主管、8位技术顾问、8位项目官员、1位项目负责人和1位秘书处主管。

附属服务处包括国家教育咨询委员会常设秘书处、科特迪瓦教科文组织全国委员会总秘书处、以法语为共同语言的国家教育部长会议、传播与公共关系处、文献信息与信息技术服务处、公共采购办公室、资产管理服务处。监察总局由总监察长兼总协调员领导，包括负责行政管理和学校生活的协调机构、负责学前教育和小学教育的教学协调机构、负责普通中学教育的教学协调机构、总秘书处。中央局负责科特迪瓦国民教育与扫盲部各个职能的具体执行，其中包括人力资源局，财务事务局，法律事务与诉讼局，学业、战略、规划和统计局，教学法与继续教育局，考试与竞赛局，中小学局，学业指导与奖学金局，校园社会福利局，校园生活局，信息技术与系统局，私立教育机构管理局，学校管理委员会组织、推广与监督局，项目协调与执行局，校园餐厅局，项目监控局，性别平等与公平局，非正式教育局，成人、青少年和儿童扫盲局，扫盲项目协调与监督局及扫盲教材局。对外服务处分为地区级和省级，其主要任务是与不同行政级别的教育部门实施对接。

以下是部分与基础教育和扫盲工作相关的局级单位的主要工作职责。

（1）中小学局。中小学局的主要职责是促进小学和普通中学的发展，监督其行政管理和教学管理，推动和实施学校各类项目，增加有特殊需要的儿童，特别是女童接受教育的机会，实施国家行动计划并确保全民教育领域的部际协调。

（2）教学法与继续教育局。教学法与继续教育局的工作职责主要包括管理和跟踪学前教育、基础教育的教学活动，与相关机构协作并提升学前教育和基础教育机构以及教育活动和教学培训中心的教学质量，推广新技术在教学和培训中的应用。同时该局也负责制定、试验和推广使用国家语言的教学项目和计划及教师和教学管理人员的继续教育培训。这些职责旨在不断提高教育系统的整体质量和效率，确保教育资源的合理使用并推动教育服务的创新。

（3）学业指导与奖学金局。学业指导与奖学金局负责实施国家关于学生课程指导和监督的相关政策，准备并组织国家教育委员会关于高中生入学和初中生分配的相关工作。他们也负责制定并监督执行有关中学奖学金分配的规章制度，并与财务事务部门合作准备关于国外奖学金的决策草案。

（4）学业、战略、规划和统计局。学业、战略、规划和统计局负责制定面向科特迪瓦所有教育层级和学位的统一且广泛认同的学校分布图，根据教育政策目标控制学校基础设施的布局，生成部门统计数据，并设计和实施针对不同部门的研究方案。该局还负责编制国家发展计划和公共投资计划的半年和年度报告。

（5）私立教育机构管理局。私立教育机构管理局负责跟踪私立学前教育机构、小学及普通中学的行政管理工作。该局与学业、规划与统计总局协作，颁发创办普通中等教育私立学校和机构的许可证明。同时该局也与教学法与继续教育局协作，颁发教师教学许可，监督私立教育机构的教学质量，关闭不符合运营标准的私立普通中等教育学校和机构。

（6）非正式教育局。非正式教育局负责为非正式教育机构的工作人员提供教学咨询与培训支持，跟踪和评估非正式教育的教学和教育活动，协助实施非正式教育教育者的培训和再培训计划，并监督非正式教育机构，确保非正式教育的教学质量。该局也负责协调和跟踪辍学者在非正式教育培训课程中的学习情况。

（7）信息技术与系统局。信息技术与系统局负责开发和建立一个全面的信息与通信系统，并构建了一个总体规划框架指导其发展，确保信息和应用程序的访问安全，保障服务的完整性、可靠性及数据的互操作性。该局还负责信息和通信技术领域人员的培训活动，推动信息和通信技术在部门活动和教育中的整合。该局通过履行职责，确保教育系统在技术接入和使用方面的高效性和安全性，同时促进信息技术在教育教学中的广泛应用。

二、高等教育行政管理机构

高等教育与科学研究部负责管理公立高等教育机构，监督私立高等教育机构，参与制定涉及高等教育发展的方针和政策。

根据2018年12月颁布的第2018-945号法令，高等教育与科学研究部由内阁、内阁附属服务局和总局组成。其中内阁设立主管和副主管各1位、1位行政主管、7位技术顾问、7位研究负责人、1位项目负责人和1位秘书处主管。10个内阁附属服务局分别为监察局、高等教育毕业生职业融入观察局、财务事务局、规划局、人力资源局、学业方向和奖学金局、考试和竞赛局、法律事务和合作局、高等教育和科学研究信息系统局以及传播与公共关系局。

高等教育与科学研究部下设3个总局，分别是高等教育总局、研究和创新总局以及质量和评估总局。其中高等教育总局负责制定国家层面的高等教育政策，评估教育内容与社会经济需求的匹配度，并确保政府促进性别平等的政策得到落实。高等教育总局下设高等教育局和大学设施、社团生活及性别平等局。

（1）高等教育局。高等教育局负责制定高等教育机构管理政策并关注其执行效果，协调管理大学及大学校的教学、人员、技术及学术活动，确认高等教育教学方向，整合公立及私立高等教育机构教学资源，并根据质量和评估总局的建议授予公立和私立高等教育机构认证资格及颁发相应文凭的资质。

（2）大学设施、社团生活及性别平等局。大学设施、社团生活及性别平等局负责实施政府制定的关于大学设施的相关国家政策，监测提高学生生活水平相关措施的执行效果，促进政府关于校园卫生方面的政策执行，制定并关注校园社团生活方面的政策，推动男女平等。

研究和创新总局则负责制定与协调关于科学研究的国家政策，监督、跟踪并评估国家级科学研究项目，促进科研创新成果的价值转化。研究和创新总局下辖研究局以及价值转换和创新局。

（1）研究局。研究局主要负责监督和促进政策在科学技术中心及各类科研机构中的有效实施；确保科学技术信息的收集、处理、传播与存档工作有序进行；与各研究机构保持紧密联系，指导其科研活动的顺利开展。

（2）价值转换和创新局。价值转换和创新局致力于推进研究与创新成果的价值转化政策，积极鼓励对科技成果和知识产权的保护。该局不仅在促进技术转移方面发挥关键作用，而且还协调相关活动，以支持一个充满活力的创新生态系统，从而推动社会经济的整体进步和发展。通过这一系列措施，该局力求构建一个既有利于创新又能促进知识共享和技术扩散的良好环境。

质量和评估总局负责制定和传播高等教育和研究标准，参与制定学术和社会基础设施及教学设备的标准，确定管理和道德准则，规划和促进高等教育和研究机构的不断改进，定期评估高等教育机构以保持教学质量，制定和管控高等教育机构的教学标准，评估私立高等教育机构的教学质量。质量和评估总局下设质量和标准保障局以及评估、认证和评定局。

（1）质量和标准保障局。质量和标准保障局负责制定并执行关于高等教育机构及科研机构的质量保障政策，制定有关开设教育项目、开设高等教育机构和科研机构以及开设新的学科方向的规则、标准与条例，制定衡量高等教育机构、教学研究项目、学科培养质量的评价标准。

（2）评估、认证和评定局。评估、认证和评定局负责制定关于教师、教学以及研究培训机构的质量评定标准，设立可比较的大学机构水平指标，分析认证机构出具的关于高等教育机构和科研机构质量的评估报告，准备高等教育机构和科研机构的认证工作。

三、职业教育行政管理机构

2021年4月6日，科特迪瓦技术教育、职业培训与学徒部正式成立。该部门旨在解决社会对技能发展方面的迫切需求，涵盖技术教育、职业培训以及学徒培训等。

科特迪瓦技术教育、职业培训与学徒部由内阁和监察总局组成。其中内阁设立主管和副主管各1名、1名行政主管、3名技术顾问与2位研究负责人。监察总局由总监察长兼总协调员领导，包括监督部门工作的执行情况，评估和审核该部的所有机构及有关技术教育、职业培训和学徒制的改革。总监察长有向部长提出建议的义务，负责部门在教学法和课程开发、学徒和继续教育、质量保障方面的协调工作。

科特迪瓦技术教育、职业培训与学徒部内阁下设2个总局和9个局级单位，分管科特迪瓦在技术教育、职业培训和学徒制方面的具体工作。这两个总局分别是全日制教育总局和学徒制与继续教育总局。全日制教育总局主要负责促进和管理技术教育和职业培训机构，监督职业培训机构的行政和教学管理，并协助职业组织、地方当局和国际合作伙伴建立完善公共职业培训机构。全日制总局下设公立机构局和私立机构管理局，确保技术教育和职业培训的有效及有序组织。

（1）公立机构局。公立机构局负责促进和管理公立学校、监督公立学校的行政和教育管理，确保公共机构提供的培训顺利进行，促进公立学校中的实习培训，并协助专业组织、地方当局和国际合作伙伴建立公立学校。该局下设技术教育分局和职业培训分局。

（2）私立机构管理局。私立机构管理局负责监督私立技术教育或职业培训机构的行政管理，批准设立私立技术教育或职业培训机构，为私立技术教育或职业培训机构的开办、认证和扩建颁发许可证，并关闭不符合运营标准的私立技术教育或职业培训机构。同时，该局还负责颁发私立技术教育或职业培训机构的管理许可及任教许可。该局也可与财务局共同起草并监督向私立技术教育或职业培训机构发放补贴的决定和资助情况说明。私立机构管理局下设私立机构认证分局和私立机构监测和评估分局。

学徒制与继续教育总局主要负责制定学徒制职业培训的相关政策，促进自主创业和自营职业，支持继续职业培训并监督和评估继续培训机构的相关活动。学徒制及继续教育总局下设学徒制与职业融入局和终身教育局，保障学徒制与继续教育的实施。

（1）学徒制与职业融入局。学徒制与职业融入局负责与相关各方联系，通过学徒制促进和实施职业培训，为企业提供学徒制培训信息，监督学徒制和培训中心的教学工作，与公立和私立技术教育和职业培训机构联系，协调实习工作机会，确保接受培训的年轻人融入社会职业生活。该局下设学徒发展分局、资质培训分局和自主创业、职业融入和自营职业分局。

（2）终身教育局。终身教育局负责促进继续职业培训，授权建立私立职业技术培训机构，监督有关职业和技术培训经营者的活动和培训课程内容，支持和指导公众的再培训申请和再培训活动。该局下设再就业和再培训分局和技能价值转化促进分局。

除上述两个总局及相关局级单位，其余的9个局级单位分别是人力资源局，财政事务局，宣传、记录和档案局，规划、统计和信息技术局，设施配备和维修项目局，学业方向、奖学金和人员流动局，考试与竞赛局，学校生活局和法律事务局。这些局级单位共同完善技术教育、职业培训与学徒部的相关行政、司法及财务类工作，促进部门工作的有效实施。

第二节 地方教育行政

在科特迪瓦，国家在教育管理中的角色发生了变化。尽管国家仍然是公共服务正常运作的保障者，负责课程内容、考试组织、教育监督以及工作人员的招聘和任命，但是地方教育行政的权力逐渐提升。

科特迪瓦长期执行国家统领教育的方针。科特迪瓦在1960年获得独立后，政府就将发展国民教育作为优先事项，并提出了实现100%入学率的愿景。从科特迪瓦独立到1980年，国家是教育规划进程的主要参与者，以扩大和提高入学率为目标，改变殖民时期实行限制性的教育政策。而后，科特迪瓦国家资源不断减少，国际货币基金组织对科特迪瓦资助的预算进行了限制，国家为教育提供的经费比例下降。当时的科特迪瓦政府为应对紧张的经济形势，决定将中央政府的部分特权移交给地方当局，包括公共教育服务，以此来减轻国家的负担。从1980年至今，国家只是学校规划进程的主要参与者，办学权力大幅度下放。尽管教育权力下放的初衷是提高公共行动效率，但是这一进程仍面临效率低下的问题。

一、基础教育行政管理机构

科特迪瓦的基础教育体系以地区教育局为重要的管理机构，这些机构是国民教育与扫盲部在各地区的对外服务分支，负责基础教育阶段的全面管理。根据2021年9月8日颁布的2021-456号法令，科特迪瓦目前共有41个地区教育局，这些局主要负责监督学校的日常运作、执行教育政策以及协调区域内的教育活动。其中，阿比让市和布瓦凯市因为教育资源集中，分别设有4个和2个地区教育局。这表明这些地区在教育资源分配上拥有更大的管理需求，反映了城乡之间的教育资源分配差异问题。在这些地区，地区教育局的主要任务包括对公立和私立小学及中学的监督与管理，确保这些学校在政策的框架下有效运行。它们需要协调教学活动，确保教师和学生能够在良好的环境下工作与学习。

地区教育局在实施国民教育与扫盲部的指令方面起着桥梁作用，特别是在义务教育计划的推广和执行上。例如，义务教育的落实确保了所有适龄儿童都能接受基本教育，而这一政策在偏远和贫困地区的推广尤其具有挑战性。地区教育局还负责监督和管理私立教育机构，确保其符合国家教育标准，避免教学质量不平衡的现象。

在考试管理方面，地区教育局要确保学校考试和竞赛的顺利进行，保障其结果的公正性，以维护教育体系的诚信。此外，地区教育局还承担了教师培训的任务，通过制定培训和发展计划，提升当地学校的教育质量。

二、职业教育行政管理机构

科特迪瓦职业教育的地方行政管理体系在促进科特迪瓦技术教育和职业培训的发展中发挥了关键作用。根据现行体制，技术教育、职业培训与学徒部在全国范围内设立了15个地区管理局。其中经济首都阿比让由于集中了大量的职业教育资源，特别设置了2个地区管理局。

地区管理局负责监督和管理辖内公立及私立技术教育和职业培训机构的运作。除了确保这些机构能够执行国家教育政策外，地区管理局还需协调教学活动，保证教学计划得以顺利实施。

在政策传导方面，地区管理局充当了技术教育、职业培训与学徒部与地方教育机构间的桥梁。推广技术教育和职业培训是地区管理局的一项重要职责。管理局通过组织多样化的宣传活动和支持项目，提高学生和家长对技术和职业教育重要性的认识，鼓励学生积极参与此类课程的学习。

地区管理局积极与地方政府及企业合作，共同推动技术教育和职业培训的发展。通过与地方企业协作，管理局能够为学生提供企业实习岗位，帮助学生将理论知识应用于实践，增强职业技能。这不仅提升了学生的就业竞争力，也为企业输送了具备实操技能的人才，实现了学校、学生与企业三者之间的互利共赢。

第三节 机构教育行政

机构教育行政主要指的是学校或研究机构层面的行政管理。学校内部的管理层拥有一定的管理权和决策权。

一、基础教育行政管理机构

2012年6月7日，科特迪瓦颁布2012-488法令，规定了学校管理委员会的职能。学校管理委员会由大会、执行局、审计处和附属大会组成。学生家长、学生本人、教师、培训人员、行政人员、行业专业人员、地方民选代表都可以成为学校管理委员会的成员。

大会是学校管理委员会的最高议事机构，负责审议、监督内部规章，制定学校或机构的发展计划，审核执行局编入预算的年度活动计划，批准学校各项预算，授权执行局启动相关程序，评估执行局的管理报告，解除执行局及其成员的职务，逐级向监督机构上报对执行局采取的制裁措施，接收和评估大会或执行局成员的辞职请求等。大会每年在学年开始和结束时会举行两次常务会议，由主席召集，必要时也可召开特别会议。

执行局是学校管理委员会的行政管理机构，执行大会的决定，对大会负责，并向大会报告。执行委员会负责拟订学校发展规划并提交大会通过、拟订并向大会提交编入预算的年度活动计划、编写活动报告并提交大会、分发大会通过的活动报告。

审计处负责审计学校管理委员会的各项活动，并起草季度和年度报告，向学校管理委员会大会、国民教育与职业培训地区负责人、学前和小学教育督察员汇报。审计处由两名成员组成，分别是学生家长和教师代表，均由各自群体选举产生。

附属大会包括学生家长大会、教职工大会、班主任大会、教育监察员和指导员大会、校长大会和技术和职业培训所涉活动部门的专业人员大会。不同群体的会议内容不同，根据自身工作重点开展，更具有针对性。

学校管理委员会的财政来自国家和社会赠款、各类活动创收的资金、学生和培训学员的注册费。

二、公立高等教育行政管理机构

在科特迪瓦，根据2012年10月10日法令第1条，大学是高等教育行政和研究机构，受高等教育与科学研究部的行政监督和经济财政部的财政监督。由于高等教育和科学研究部没有人力和财政资源分配的权力，每所大学都有自己的法令规定其具体任务，如科学技术研究及其成果利用、教师发展活动以及教学和研究方面的国际合作，均由各高校自主决定。

学校内设有管理委员会，负责学校的行政和财务管理工作。管理委员会是科特迪瓦大学的最高管理机构，负责监管校内其他机构的权力行使情况，并确保各部门按照规定和要求完成工作任务。此外，管理委员会需要控制预算的编制和执行，确保预算合理；审查、监督会计官员提交的财务报告和年终报告。各高校的管理委员会由高等教育与科学研究部部长或其代表担任主席，最多由3—8名成员组成。如果管理委员会成员中包括用户代表或行政部门以外的人士，则管理委员会成员人数可增加到12人。大学校长以顾问身份出席管理委员会会议，并担任会议秘书。管理委员会主席有权自行邀请专家以顾问身份出席会议。如果管理委员会大多数成员出席会议，则管理委员会可进行有效审议，其决定由出席会议成员的绝对多数做出，但在票数相同的情况下，管理委员会主席可投决定票。

负责学术管理的机构是大学理事会或培训和研究单位理事会，旨在保证大学独立的科学研究自主性。

自 2012 年起，大学理事会被视为与大学校长办公室并列的行政机构，主要负责学术管理。大学理事会还负责确定和规划战略方向、批准执行学校的科研项目并为管理委员会的审议做准备。作为战略规划过程的一部分，大学理事会审议学校项目和多年绩效合同的内容。作为其授权职能的一部分，理事会审议学校的总体组织以及科研、知识产出和国际合作计划，授权校长采取法律行动并签署协议，就培训和研究机构的设立或撤销以及培训计划的设立、撤销或修改发表意见，但是必须提交管理委员会批准。大学理事会还必须就提交管理委员会决议的某些事项提出意见，如预算草案、学费和其他收入的数额以及分配给大学的资源。此外，大学理事会对行政、教研人员和学生拥有纪律监管权和各层级机构的内部规章批准权，包括大学、研究单位与研究中心和地区高等教育机构理事会等。

大学理事会由科学委员会、教学委员会和学科委员会构成，委员会成员由大学校长根据大学理事会的建议任命。大学理事会成员最多为 36 人，40% 为法定成员（一般是各高校校长、副校长或负责科研的代表）；45% 为选举产生的成员（其中 75% 为教学和研究人员代表，20% 为学校的行政和技术人员，5% 来自学生群体）；15% 为任命的成员（校长直接推荐任命，一般来自教育体系外）。其中校长发挥重要作用，一方面担任大学理事会秘书长，还拥有咨询投票权；另一方面，在大学理事会中，校长以理事会主席的身份行使学术权力。此外，校长还负责筹备大学理事会的审议工作，并确保其执行。校长对外代表大学，在日常工作中对大学的所有工作人员行使监督管理权力，维护学校的安全和秩序。经大学理事会授权，校长可签署协议和公约。每位大学校长有 1 名秘书和一至多名副校长协助工作,但副校长不得超过 3 人,他们都是大学的正式教职人员。

培训和研究单位理事会最多有 32 名成员。理事会成员中,75% 为经选举产生的教学人员和研究人员代表,10% 为大学校长根据培训和研究单位主任的建议任命的外部人士,10% 为经选举产生的行政和技术人员代表,5% 为经选举产生的学生代表。[1] 该理事会负责审议与研究机构的组织和运行有关的所有事项,例如就有关培训与研究机构的长期合同内容提出意见;确定学校的教学和研究计划;提出培训与研究组的预算草案;决定分配给培训与研究室的资源;就教学和研究人员的招聘和晋升提出意见;通过《培训与研究组内部条例》,并提交大学理事会批准。培训和研究单位理事会主席负责筹备理事会的会议,并确保其决定得到执行,有权批准培训和研究单位的预算,有 1 名首席秘书协助管理。

三、私立高等教育行政管理机构

科特迪瓦私立高等教育机构大多采用有限责任公司和独资企业的法律形式。它们的法定管理机构是股东大会和董事会,但是机构的召集方式存在不规范的情况,私立高等教育机构的创始人相对来说拥有更大的决策权。

科特迪瓦的私立高等教育机构在法律层面受到非洲商法统一组织的管理办法和经济利益集团相关法律的管辖,旨在促进科特迪瓦及其周边国家的商业规范化和透明化,因此,私立高等教育机构在其运营过程中必须遵守相关法律法规。

从法律形式上看,科特迪瓦的私立高等教育机构主要采用有限责任公

---

[1] 数据来源于世界银行官网。

司和独资企业的形式。有限责任公司具有股东数量限制和有限责任的特点,适合那些希望通过投资教育领域获取收益但又不想承担过多风险的投资者。而独资企业通常由个人出资建立,创始人承担全部责任和义务。这种组织形式使得私立高等教育机构的灵活性和自主性较高。

尽管这些机构的法定管理机构通常包括股东大会和董事会,但实际运营中存在一定的不规范现象。股东大会和董事会的召集方式、会议频率以及决策过程往往缺乏严格的规范性。私立高等教育机构的创始人在机构的决策过程中通常拥有更大的权力和影响力。创始人不仅是资金和资源的主要提供者,往往也是机构发展方向和战略规划的核心决策者。这使得创始人的个人意愿在很大程度上决定了机构的运营模式和未来发展方向。虽然这种权力集中在某些情况下有助于提高决策效率,但也可能导致内部权力不平衡,缺乏民主和透明度,进而影响机构的长远发展。这些问题在一定程度上反映了科特迪瓦私立教育机构管理体系上的不足。

第四节 教育行政的挑战与对策

一、教育行政的挑战

(一)政策落地困难

科特迪瓦国家部委在教育预算和人员分配方面没有权力,这导致部委在提交政策草案的时候不能很好考虑到财政的实际情况,有可能提出不符合实际情况或者难以实施的政策,从而导致规划不能落地。以高等教育为例,科特迪瓦的大学在两级治理结构基础上运行,一级是行政和财务管理,另一级是学术管理。行政和财政权由主管高等教育的部长直接负责，高等教育部的政策只对当地政府有约束力，而对大学及其学术机构没有约束力，因此面临政策制定与政策落地不匹配的风险。事实上，科特迪瓦大学实际运行离不开国家财政部的支持。这种错位现象导致教育行政管理工作流程复杂，效率低下。

（二）行政烦冗

科特迪瓦负责教育的部委过多，功能之间有重叠。从数据统计看，政府工作更多向高等教育和科学研究倾斜，基础教育和学前教育阶段的行政体系仍然较为模糊。此外，尽管近年来科特迪瓦在教育信息化和智慧教育方面取得了一定进展，但在行政管理上仍存在协调不力的问题，数据统计方面时有出入。例如，不同部门和机构发布的教育数据往往不一致，使得政策制定和执行面临挑战。与此同时，教育经费的分配和使用也缺乏透明度和有效性，这进一步加剧了行政管理的复杂性。这些问题表明，科特迪瓦在优化教育行政管理方面仍需进一步努力，以确保各教育阶段的公平和高效管理。

（三）教育体系与经济发展需求脱节

科特迪瓦的人才培养模式与劳动力市场需求仍然存在不匹配的情况。这一问题的根源在于教育体系与经济发展需求脱节。尽管科特迪瓦政府已经开始优化其教育系统，特别是在提供基础教育方面取得了一定进展，但在职业技术教育培训领域的发展却相对缓慢。此外，科特迪瓦的许多教育项目仍然重视传统学科，忽视了与当地和全球市场趋势相结合的技能培训。这导致许多毕业生缺乏雇主所需的实用技能，从而增加了就业难度。例如，科技、工程和数据分析等领域的专业技能人才需求日益增加，但相关培训项目却不足以满足这些领域的人才需求。尽管有一些项目试图通过与私营部门合作来弥补这一差距，但这些努力通常是零散的，缺乏国家系统性的支持。

二、教育行政的对策

（一）简化政策执行流程

为了解决政策落地困难的问题，科特迪瓦应当采取措施简化和优化政策执行流程。首先，建立一个高效的跨部门协调机制，确保各部委在制定和执行教育政策时能够充分沟通和合作。其次，赋予国民教育与扫盲部更多的预算和人员分配权，使其在制定政策时能够充分考虑财政和实际情况，避免政策与实际情况脱节。再次，可以设立专门的教育政策评估机构，对现有政策进行持续监控和评估，确保其实施效果和可行性。又次，加强地方政府的参与度，鼓励地方政府根据实际情况灵活调整和执行政策，提高政策的适应性和落地效率。最后，建立透明的反馈机制，让学校、教师、学生和家长能够及时反馈政策实施中的问题和建议，便于政府及时调整和改进政策。

（二）优化教育行政结构

针对行政烦冗的问题，科特迪瓦应当优化教育行政结构，减少职能重叠，提高行政效率。首先，可以合并或重组一些职能相似或重叠的部门，形成一个统一的教育行政管理机构，明确各部门的职责和权限，避免重复工作。其次，加强信息化建设，建立统一的教育信息管理系统，实现教育数据的集中管理和共享，确保数据的准确性和权威性。再次，实施绩效管理制度，对各级教育行政部门和官员进行定期考核，激励其提高工作效率和服务质量。最后，加强教育经费使用的透明度，建立严格的监督和审计机制，确保资金的合理使用。通过这些措施，可以有效减少行政管理的复杂性，提高政策执行的效率。

（三）加强教育与经济发展的对接

为了解决教育体系与经济发展需求脱节的问题，科特迪瓦应当加强教育与经济发展的对接，提高教育的实用性和就业导向性。首先，建立和完善职业技术教育培训体系，增加与市场需求相关的课程和专业，特别是在科技、工程和数据分析等领域，培养符合市场需求的专业技能人才。其次，加强与私营部门的合作，开展校企合作项目，让学生在学习期间能够获得实习和实践机会，提高其实际操作能力和就业竞争力。再次，定期开展劳动力市场需求调查，及时调整和优化教育培训内容，确保教育与经济发展的同步和协调。最后，鼓励和支持教育机构开展创新创业教育，培养学生的创新能力和创业精神，通过项目和竞赛激发学生的创造力，为经济发展注入新的活力。

第十二章 中科教育交流

中国和科特迪瓦自1983年3月2日建交以来，两国关系历经国际风云变幻，历久弥坚。1992年，中科签署文化合作协定，双方不断拓展深化文化合作领域和模式，促进两国人民民心相通。

第一节 教育交流历史

一、中科建交初期教育交流

中科建交初期，两国的交流主要聚焦在政治对话与经济合作，同时兼顾文化教育。教育交流大多聚焦语言学习或者与经济活动相关的领域。

1992年，两国政府代表于北京达成文化合作协议，双方同意根据平等互利原则，在文学、艺术、影视等领域加强交流合作，并促进文化、艺术领域的教育培训。

1994年，《中华人民共和国和科特迪瓦共和国高等教育合作议定书》在经济首都阿比让签订，就中华人民共和国国家教育委员会和科特迪瓦共和国高等教育与科学研究部关于在亚穆苏克罗国立高等农学院设立食品加工和保鲜中心项目达成共识。

二、进入 21 世纪以来中科教育交流

进入 21 世纪后，随着社会和人民对于文化教育的需求愈发强烈，中科两国间的文化教育交流得到了极大的促进和发展。

2004 年 10 月，科特迪瓦文化部部长玛兰·梅苏来华出席在上海举行的"世界文化政策论坛部长级年会"，并率科特迪瓦艺术团参加了上海宝山国际民间艺术节。

2012 年 6 月，科特迪瓦文化与法语国家事务部部长莫里斯·夸库·班达曼来华出席中非合作论坛—文化部长论坛会议。

2013 年，为庆祝中科建交 30 周年，在中科两国文化部的大力支持下，中国南京市艺术团于 3 月 1 日晚在科特迪瓦经济首都阿比让"象牙酒店"举办了专场演出，科特迪瓦总理、外交部部长、文化部部长、第一副议长及各界友好人士等近 2 000 人观看了演出。

2016 年中国颁布的《文化部"一带一路"文化发展行动计划（2016—2020 年）》以及 2017 年颁布的《国家"十三五"时期文化发展改革规划纲要》强调加强中国与"一带一路"沿线国家文化交流与合作。这一时期，科特迪瓦进入第三共和国时期，政局趋于稳定，中科文化交流合作走向新的发展道路。

2014 年，中国少林和平文化代表团在科特迪瓦进行为期 10 天的访问，先后与科特迪瓦国民议会议长索罗以及科特迪瓦体育部、科特迪瓦中华武术联合会、大巴萨姆地区等的负责人进行交流，在阿比让体育馆进行了主题为"少林武术与和平文化"的演讲和少林功夫表演，并对当地武术联合会 350 名会员进行了武术培训。科特迪瓦电视台等多家当地主流媒体均对该

次访问进行了报道,在科特迪瓦民间中掀起了一阵"功夫热"。

2015年,科特迪瓦国家美术学院院长莫罗作品入选第六届北京艺术双年展,莫罗表示赴华留学经历为其艺术创作提供了灵感。

2016年,科特迪瓦成功举办了第九届非洲戏剧艺术节,这是科特迪瓦乃至整个非洲大陆的文化盛典,中国应艺术节组委会邀请,首次派出文化代表团参加。同年5月,"中国杂技节"在科特迪瓦阿比让文化宫开幕。由河北杂技、民乐、民俗工艺等艺术门类组成的河北艺术团进行了专场演出。同年6月,科特迪瓦文化和法语国家事务部部长莫里斯·班达曼访华,双方签署了两国文化合作协定2016—2019年执行计划。

2017年,中国文化部、科特迪瓦文化部和中国驻科特迪瓦使馆联合举办的"欢乐春节"文艺演出取得了巨大成功。甘肃艺术团带来的"敦煌韵·丝路情"得到中外嘉宾的称赞。《博爱晨报》《国际报》《爱国者》以及阿比让网均进行了现场报道。同年8月,科特迪瓦"爱之声"木琴乐团赴华参加了"非洲文化聚焦"活动。

在中科双方共同努力下,中国援科特迪瓦"万村通"卫星电视项目签字仪式于2018年6月15日举行。2019年10月24日,项目正式启动。该项目为科特迪瓦全国范围内500个村落提供1 000套太阳能投影电视系统、500套数字电视一体机终端及10 000套机顶盒。数以万计的科特迪瓦民众不仅能够通过卫星电视收看内容丰富、形式多样的节目,了解国内外动态,还可以通过收看富有中国特色的节目,更好地了解中国政治、经济、文化和历史,为中科人民搭建起理解、互信与合作的桥梁,为中科关系不断发展、双方共建"一带一路"以及共同构建更加紧密的中非命运共同体提供助力。

2018年,在中科两国建交35周年之际,科特迪瓦国家电视台举办"中国电影展播周"活动,得到了民众的广泛喜爱。中国影视剧展播法语配音大赛在科特迪瓦举行,吸引了来自科特迪瓦各地逾千名选手参与。这些活动以中国影视剧为载体,促进参赛者和观众进一步了解当代中国,促进中科两国民心相通。此外，我国相关单位在2018年设立了"我眼中的中国"新闻媒体奖，《博爱晨报》和阿比让网获得第一届最佳新闻机构奖，19名记者分别获得最佳新闻报道奖、最佳新闻图片奖和鼓励奖。中科新闻媒体交流日益频繁，通过在中国组织研修班、邀请科特迪瓦电视工作组赴中国拍摄等多种形式，促进了两国媒体从业人员交流和合作，有利于科特迪瓦民众全面地了解中国，增进中科两国人民友谊。2018年8月，中科签署关于互设文化中心的协定。2019年1月，中国东方歌舞团赴科特迪瓦访问演出。

"一带一路"倡议极大促进了中非在贸易投资与人文交流领域的国际合作，为中科文化交流拓展了新的领域。中国与科特迪瓦在旅游政策研究、市场推广、教育培训、接待服务以及文物保护和博物馆管理等方面的合作前景广阔。

2022年，科特迪瓦文博领域的政府官员和专家学者参加由受中国文化和旅游部委托、中央文化和旅游管理干部学院承办的"中国非洲法语国家博物馆管理与文物保护研修班"，通过线上讲座、研讨的形式，与来自中国国家文物局、故宫博物院、中国国家博物馆等机构的专家学者进行了交流。该研修班旨在落实中非合作论坛第八届部长级会议通过的"达喀尔行动计划（2022—2024年）"，鼓励并支持中非在联合考古、古迹遗址保护与修复、博物馆展览交流、专业人才培养与能力建设等领域开展交流与合作。除线上学习课程外，学员还"云参观"首都博物馆和圆明园遗址公园。同年11月16—17日，科特迪瓦旅游主管部门、研究机构和旅游企业代表，参加了由中国文化和旅游部主办、中国旅游研究院承办的"中国和非洲国家旅游合作研讨会"。这是落实"中非合作论坛—达喀尔行动计划（2022—2024年）"有关内容的重要举措。与会代表围绕"新时代中非命运共同体框架下的中非旅游合作机遇与前景"主题展开线上研讨，介绍各国旅游资源和发展优势，分享中非推动旅游业复苏发展的经验举措，为中非旅游交流与合作提供政策参考和智力支持。

2022年5月，首届为期3天的非洲法语国家"一带一路"国际研讨会在喀麦隆雅温得会议大厦召开。会议围绕中国和非洲法语国家在"一带一路"中的战略认知、经济合作、绿色发展、基建设施、人文交流、安全能力等方面进行研讨。来自喀麦隆、科特迪瓦、摩洛哥、刚果（金）、布基纳法索等国前政要、官员、学者，以及在喀中资企业代表、媒体记者、高校学生等近300人与会。

2023年是中科建交40周年。在中国海南省博鳌举行的博鳌亚洲论坛2023年年会上，两国总理进行了会晤，一致认为要加强青年领域的文化教育交流，促进双边关系的发展。[1]

2024年，中华人民共和国外交部副部长在北京宋庆龄基金会举行的第八届中非青年节开幕式上提及中非青年交流的重要性，来自科特迪瓦的学生代表积极参与了讨论，表示会从自身做起，促进中非友谊。

科特迪瓦与中国虽然相距遥远，但日益增加的文化交流促进了两国人民的相互理解和支持，为中科两国的经济、社会、文化发展与交流合作，奠定了坚实的基础。

第二节 教育交流模式

中国与科特迪瓦的教育交流是多方面的，主要集中在高等教育和技术教育领域。中国鼓励科特迪瓦学生到中国学习中文、了解中国文化，也支持中国的职业技术学校加强对科特迪瓦职业教育的援助。中国政府通过在科特迪瓦设立留学生奖学金、开设孔子学院和鲁班工坊等方式开展两国的教育交流与合作。

---

[1] 资料来源于科特迪瓦政府官网。

一、设置奖学金

"中国大使奖学金"是中国政府在全球范围设立的、用于鼓励外国年轻人学习中文和中华文化的奖学金。2022年10月，科特迪瓦2022—2023年度"中国大使奖学金"颁奖仪式在阿比让科科迪现代中学举行。来自科特迪瓦全国13所中学的133名学生获得本年度奖学金，相较2021—2022年的125名学生略有提高。[1]

二、设立交流机构

（一）孔子学院

科特迪瓦的中文教育在孔子学院成立前便已启动。2009年9月，应科特迪瓦布瓦凯大学之邀，中国首次向科特迪瓦派遣中文教师志愿者，以支持科特迪瓦中文教学等工作。

科特迪瓦第一家孔子学院成立于2015年5月，是由天津理工大学和费利克斯·乌弗埃-博瓦尼大学合作建立而成。越来越多的科特迪瓦学生对中华文化产生了浓厚兴趣。自2008年以来，应科特迪瓦方面要求，中方派遣中文教师在校授课，两国间语言教育的交流一直维持至今。[2] 科特迪瓦孔子学院的建立成为中科民间交流的重要途径，发挥了增进两国了解、促进文化交流的纽带作用。目前，科特迪瓦有超过1 500名学生在校学习中文。孔子学院还举办中国语言和文化活动，如"中国文化日"和"汉语桥"世界大学生中文比赛。孔子学院于2023年3月28日开设了汉语水平考试中心，

---

[1] 数据来源于2022年10月7日新华网官网。
[2] 资料来源于2015年5月29日人民日报海外版。

用于测试学生的中文水平，共有 72 名考生参加了考试，这是第一次在科特迪瓦阿比让举行的中文语言水平考试。[1]

（二）鲁班工坊

鲁班工坊以职业技能训练为目标，帮助科特迪瓦解决国家发展中存在的现实问题。科特迪瓦鲁班工坊由天津理工大学与亚穆苏克罗国立博瓦尼理工学院共建，计划在人才培养、科学研究、学科建设、技能培训等领域展开交流与合作。科特迪瓦目前亟须机械工程和电气工程及自动化专业的人才，为此鲁班工坊设立了"先进制造技术"和"电气自动化"两个实验中心，完善了亚穆苏克罗国立博瓦尼理工学院相关专业人才培养体系。参与鲁班工坊的科特迪瓦学生通过专业理论课程学习和综合性实操技能训练，提高了职业技能。

（三）设立中国文化日

科特迪瓦举办过多次"中国文化日"活动，是当地中科文化教育交流的重要方式。

2009 年 3 月，科特迪瓦经济首都阿比让科科迪大学举办"中国文化日"活动，此次"中国文化日"重申了中非在人文领域交流合作的重要性和必要性，强调了青年交流对中科、中非未来合作的重要作用。

2017 年 9 月，由中国驻科特迪瓦使馆、非洲儿童基金会和科特迪瓦圣玛丽女子中学联合举办的"中国文化日"活动在阿比让举行。科特迪瓦方多位政要、国际组织和国际非政府组织代表出席本次活动。活动现场回顾

---

[1] 资料来源于科特迪瓦通讯社官网。

了科特迪瓦在中文教育方面取得的成就，为"中科友谊教室"举行了揭牌仪式，鼓励更多年轻人学习中文。

2023年5月，由中国驻科特迪瓦使馆主办、费利克斯·乌弗埃-博瓦尼大学孔子学院同科特迪瓦教师中国之友协会合作承办的2023年"国际中文日"活动在科科迪现代中学举行。[1] 该活动已成为科特迪瓦与中国青年对话、交流的重要平台，对于增进两国了解有积极作用。

第三节 教育交流案例与思考

一、教育交流案例

（一）援建学校

中国企业承担了多项为科特迪瓦援建学校的工程，分布在科特迪瓦全国各处。

2009年1月23日，中国政府援建科特迪瓦两所农村中学的交接仪式在学校所在地图巴、安尼亚玛举行。中国施工队伍仅用不到8个月的时间完成了校长办公室、教师办公室、实验室、篮球场、跑道等设施的建设工作，这两所中学被视为中科建交25周年的丰硕成果。[2]

2017年12月4日，中国援助科特迪瓦精英学校项目开工仪式在科特迪瓦经济首都阿比让东南部大巴萨姆地区举行，中科双方多位部级官员参加了开

---

[1] 资料来源于华人聚焦网。
[2] 中华人民共和国商务部. 中华人民共和国驻科特迪瓦共和国大使馆经济商务处. 中国援建科特迪瓦农村学校交接仪式 [EB/OL].（2009-01-23）[2023-06-09]. http://ci.mofcom.gov.cn/aarticle/jmxw/200901/20090106018547.html.

工仪式。该项目的实施将会有力改善科特迪瓦教育基础设施。科特迪瓦精英学校项目旨在建设一所总面积约1.47万平方米、可容纳1 000名学生的寄宿制中学，主要建设内容包括修建教学楼、实验楼、宿舍楼、图书馆和运动场等。该项目建成后，该学校将成为科特迪瓦全国范围内设计理念最先进、教学与生活设施最完善、现代化程度最高的中学。科特迪瓦总统瓦塔拉亲自为该学校取名为"阿拉萨内·瓦塔拉中科友谊精英学校"。[1]

2022年1月，科特迪瓦高等教育与科研部部长迪瓦拉考察了由中国能建葛洲坝集团承建的科特迪瓦邦杜库大学修建一期项目。科特迪瓦邦杜库大学修建一期项目位于科特迪瓦东北部城市邦杜库，距离经济首都阿比让约420公里，是科特迪瓦政府重点项目，于2020年8月3日开工，占地面积约300公顷，建筑面积约6万平方米。工程范围包括行政中心、教学楼、图书馆等建筑及配套市政建设。建成后，可容纳3 000名学生，助力科特迪瓦高等教育和科学研究能力提升，促进邦杜库地区的经济社会发展。[2]

2022年1月，科特迪瓦总理帕特里克·阿希在经济首都阿比让出席中航国际成套设备有限公司承建的科特迪瓦职业培训学校项目开工仪式。中方企业承担7所职业培训学校建设，分别位于经济首都阿比让、政治首都亚穆苏克罗及科特迪瓦中北部地区。援建项目工期预计为3年，中方承建公司承担多项任务，包括建设校园、提供实验实训室规划、设备供货、售后服务、运营维护等一系列服务，以满足包括机械加工、电子电工、汽车维修、焊接铁艺、制冷空调、农业机械、土木工程、工程机械、食品加工、印刷技术等领域专业人才培养的需求。该项目在未来将帮助科特迪瓦培养更多职业技术人才，适应未来工业产业发展需求，缓解年轻人就业压力，推动当地经济发展。

---

[1] 中华人民共和国商务部. 中华人民共和国驻科特迪瓦共和国大使馆经济商务处. 我援科特迪瓦精英学校项目举行开工仪式 [EB/OL].（2017-12-06）[2023-06-08]. http://ci.mofcom.gov.cn/article/jmxw/201712/20171202682145.shtml.

[2] 资料来源于中国葛洲坝集团有限公司官网。

（二）中科举办联合培养项目

2023年3月，深圳职业技术学院承办了中非应用型人才联合培养项目。该项目是中非职业教育合作项目的子项目，在中国教育部为推进中非合作论坛框架下职业教育领域交流与合作的背景下应运而生，主要满足非洲各国在基础设施建设领域和工业化起步阶段对人力资源的需求，聚焦建筑、机械等领域，采取中非高校及中资企业联合定向培养形式，培养专科层次的非洲应用型人才。经过选拔，深圳职业技术学院和科特迪瓦国立理工学院成为该项目首批试点院校，共同合作培养建筑工程专业应用型人才，采用"1.5＋1.5＋0.5"合作办学模式，即学生先后在科特迪瓦和中国各学习一年半，课程结束后再进行半年的实习。理论与实践课程均合格后可以获得两校的毕业证书。[1]

（三）中科校企合作

2015年6月，中国国际关系学院非洲研究所教师团队赴科特迪瓦进行了专题调研，拜访了科特迪瓦文化和法语国家事务部并到科特迪瓦国家文化机关考察学习。此外，还与费利克斯·乌弗埃–博瓦尼大学、科特迪瓦文明博物馆、法语国家及地区国际组织科特迪瓦国家委员会、科特迪瓦国家报刊委员会、科特迪瓦机关报《博爱晨报》等进行了交流。[2]

2022年7月，上海出版印刷高等专科学校与中国航空技术国际控股有限公司（中航国际）联合召开科特迪瓦职业教育项目洽谈会，会上介绍了中航国际的发展历史以及中航国际职业教育培训项目在"一带一路"沿线有效带动区域经济发展的案例，介绍了双方在谈的科特迪瓦职业教育项目

---

[1] 资料来源于深圳职业技术学院外事处官网。
[2] 资料来源于国际关系学院新闻网官网。

旨在为当地印刷院校提供院校规划设计、课程体系设置、教材编制、实训设备供货、安装调试、教师培训以及售后服务、院校运营支持等整套解决方案，建成后将大幅提升科特迪瓦职业教育培训能力。[1]

2022年9月，河北工业职业技术大学与科特迪瓦技术教育、职业培训与学徒部，中德栋梁集团签署合作谅解备忘录，三方将积极促进科特迪瓦有关院校在职业教育课程建设、"中文＋技能"职业教育培训、共建中科国际技能创新园、共同组织参与国际职业技能竞赛等方面的合作。[2]

华为生态系统中西非第一次峰会于2022年12月在阿比让布雷海滩度假村举行，峰会围绕"共赢未来"主题展开。与会者参观了华为公司在公共中学机构安装的设备，这些设备使在线学习成为可能。此次参观让与会者了解了华为为科特迪瓦教学所做的工作以及与科特迪瓦教育部合作的项目。迄今为止，科特迪瓦全国共有149所中学从华为提供的这些设备系统中获益，科特迪瓦将有更多的中学部署此类设备。华为设备的应用可以弥补科特迪瓦合格教师不足的问题。

二、教育交流思考

（一）深化中科职业教育合作

职业教育对技术变革和产业优化升级具有重要意义。在国家高度重视职业教育的背景下，中科职业教育合作蓬勃发展。

"一带一路"倡议为沿线国家带来发展机遇。中科两国于2018年签署了共建"一带一路"合作文件，进一步推动了双边关系，为中科合作注

---

[1] 资料来源于上海出版印刷高等专科学校宣传部官网。
[2] 资料来源于河北工业职业技术大学官网。

入了新动力。双方进一步加强在"一带一路"倡议下的深度合作，促进中科职业教育的交流。中国接受科特迪瓦技术教育、职业培训和学徒部委派的职业教育教师来华培训，返回科特迪瓦教授青年人其国内产业所需的技能，缓解科特迪瓦年轻人职业技能短缺和高失业率的问题。2021年起，中国教育部实施中非应用型人才联合培养项目，该项目是教育部为推进中非合作论坛框架下职业教育领域交流与合作而开展的合作项目，其目的是为非洲国家培养契合经济社会发展所需的专业应用型人才。我国的职业技术学院要积极参加"未来非洲—中非职业教育合作项目"，与科特迪瓦院校联合培养高技能人才，服务当地经济发展，为中科友好合作增添新内涵。

（二）加强两国文化交流使者的培养

两国的政治对话、经济交流、文化教育合作在"一带一路"框架下和中非合作论坛机制内得到长足发展，然而在思想文化层面的交流仍然有待深入，这要求两国需要培养更多了解双方国家历史文化的人才。

在两国政府的大力支持下，两国深化教育、文化领域合作，为科特迪瓦青少年提供学习中文的机会、拓宽国际视野，培育相互尊重和包容开放的价值观，增加留学、培训和就业机会，为中科关系高质量发展创造更好条件，为两国关系发展贡献力量。2024年4月，中国驻科特迪瓦大使同科科特迪瓦国民教育与扫盲部部长签署了合作协议，中国政府将向科特迪瓦大巴萨姆精英学校派遣中文教师。此次合作协议的签署，标志着中文教育在科特迪瓦推广翻开了崭新的一页。未来在人才培养方面，需要基于科特迪瓦的历史、社会、文化习俗更有针对性的培养人才，努力实现两国在文化层面的深度共鸣。

（三）加强数字校园建设合作

随着信息技术的发展，全球多国开始推动教育领域的数字化转型，纷纷出台与教育信息化相关的政策，着力提升受教育者的数字素养。科特迪瓦政府已经意识到将数字化建设作为教育发展和改革内容与方向的重要性。中国与科特迪瓦长期在技术和教育合作中保持良好互动。中国企业、中国大学纷纷利用自己在数字校园建设方面的优势，帮助科特迪瓦大学加快数字校园建设。华为与教育行业专家共同提出智慧教育成熟度评估模型，从数字战略、数字治理、智慧环境、智慧教学、智慧评价、转型效果6个维度评估学校数字化转型的效果。2023年8月，科特迪瓦教育部联合华为打造了E-education系统，通过搭建涵盖远程互动教学、E-Learning平台、远程培训系统等模块的智慧教室，以及配备校园视频安保系统、统一通信系统、数据中心和校园联网，校园联网不仅在74所校园内实现网络覆盖，更在遍布科特迪瓦全国的校园与教育机构共计133个站点间，构建了现代化、数字化的新一代教育系统，实现了城市与农村教育资源的互联互通，提升了科特迪瓦整体的教育水平。[1] 在未来，数字领域与教育领域的交叉合作将成为中科合作的重要方向之一。

---

[1] 资料来源于2023年8月9日《中国日报》中文网。

参考文献

一、中文文献

阿尔特巴赫. 非洲高等教育：国际参考手册 [M]. 郑崧，王琳璞，张屹等，译. 杭州：浙江大学出版社，2014.

陈建录. 卢旺达文化教育研究 [M]. 北京：外语教学与研究出版社，2024.

崔璨. 马达加斯加文化教育研究 [M]. 北京：外语教学与研究出版社，2022.

冯增俊，陈时见，项贤明. 当代比较教育学 [M]. 2版. 北京：人民教育出版社，2015.

付吉军. 利比里亚文化教育研究 [M]. 北京：外语教学与研究出版社，2023.

顾明远. 顾明远教育演讲录 [M]. 北京：人民教育出版社，2014.

顾晓燕，游滔. 加蓬文化教育研究 [M]. 北京：外语教学与研究出版社，2022.

国家信息中心"一带一路"大数据中心. "一带一路"大数据报告（2017）[M]. 北京：商务印书馆，2017.

贺国庆，朱文富，等. 外国职业教育通史 [M]. 北京：人民教育出版社，2014.

李洪峰，崔璨. 塞内加尔文化教育研究 [M]. 北京：外语教学与研究出版社，2021．

李佳宇，万秀兰．肯尼亚文化教育研究 [M]．北京：外语教学与研究出版社，2022．

李书红，黄晓亮．突尼斯文化教育研究 [M]．北京：外语教学与研究出版社，2023．

刘捷．教育的追问与求索 [M]．北京：人民出版社，2021．

刘捷．专业化：挑战 21 世纪的教师 [M]．北京：教育科学出版社，2002．

刘进，张志强，孔繁盛．“一带一路"高等教育研究（2019）：国际化展望 [M]．北京：北京理工大学出版社，2020．

刘天南．科特迪瓦 [M]．北京：社会科学文献出版社，2020．

卢晓中．比较教育学 [M]．北京：人民教育出版社，2020．

陆有铨．教育的哲思与审视 [M]．北京：人民教育出版社，2016．

秦惠民．教育法治与大学治理 [M]．北京：人民出版社，2021．

任钟印．东西方教育的覃思 [M]．北京：人民教育出版社，2017．

石筠弢．学前教育课程论 [M]．2 版．北京：北京师范大学出版社，2014．

孙有中．跨文化研究论丛 [M]．北京：外语教学与研究出版社，2019．

滕大春．教育史研究与教育规律探索 [M]．北京：人民教育出版社，2019．

田园，李迪．贝宁文化教育研究 [M]．北京：外语教学与研究出版社，2023．

王承绪，顾明远．比较教育 [M]．5 版．北京：人民教育出版社，2015．

王定华，秦惠民．北外教育评论：第 2 辑 [M]．北京：外语教学与研究出版社，2021．

王定华，杨丹．人类命运的回响——中国共产党外语教育 100 年 [M]．北京：外语教学与研究出版社，2021．

王定华．教育路上行与思 [M]．北京：人民出版社，2020．

王定华．美国高等教育：观察与研究 [M]．2 版．北京：人民教育出版社，2021．

王定华. 美国基础教育: 观察与研究 [M]. 2版. 北京: 人民教育出版社, 2021.

王定华. 新时代高品质学校建设方略 [M]. 长春: 东北师范大学出版社, 2019.

王定华. 中国基础教育: 观察与研究 [M]. 北京: 人民教育出版社, 2021.

王定华. 中国教师教育: 观察与研究 [M]. 北京: 人民教育出版社, 2020.

王吉会, 车迪. 刚果（布）文化教育研究 [M]. 北京: 外语教学与研究出版社, 2021.

王晶, 刘冰洁. 摩洛哥文化教育研究 [M]. 北京: 外语教学与研究出版社, 2021.

王名扬. 美国公立研究型大学内部质量改进的实证研究 [M]. 北京: 中国社会科学出版社, 2020.

王卓, 李静. 乌干达文化教育研究 [M]. 北京: 外语教学与研究出版社, 2023.

吴旻雁, 黄超. 埃及文化教育研究 [M]. 北京: 外语教学与研究出版社, 2022.

吴式颖, 李明德. 外国教育史教程 [M]. 3版. 北京: 人民教育出版社, 2015.

习近平. 论坚持推动构建人类命运共同体 [M]. 北京: 中央文献出版社, 2018.

习近平. 习近平谈"一带一路" [M]. 北京: 中央文献出版社, 2018.

谢维和. 我的教育觉悟 [M]. 北京: 人民教育出版社, 2016.

徐倩, 李慧芳. 坦桑尼亚文化教育研究 [M]. 北京: 外语教学与研究出版社, 2021.

杨汉清. 比较教育学 [M]. 3版. 北京: 人民教育出版社, 2015.

苑大勇. 国际高等教育协同创新与人才培养比较研究 [M]. 北京: 知识产权

出版社，2020.

张方方，李丛. 安哥拉文化教育研究[M]. 北京：外语教学与研究出版社，2021.

张笑一，Edmund Chang. 埃塞俄比亚文化教育研究[M]. 北京：外语教学与研究出版社，2022.

郑通涛，方环海，陈荣岚. "一带一路"视角下的教育发展研究[M]. 广州：世界图书出版公司，2017.

朱睿智，杨傲然. 莫桑比克文化教育研究[M]. 北京：外语教学与研究出版社，2021.

二、外文文献

GNAOULÉ-OUPOH B. La Littérature Ivoirienne[M]. Paris: Karthala, 2000.

Ministère de l'Économie et des Finances. La Côte d'Ivoire en chiffres[M]. Abijan: Dialogue Production, 2007: 13

OWUSU-SAPONG C. La mort akan : étude ethno-sémiotique des textes funéraires akan[M]. Paris: L'Harmattan L'Harmattan, 2001.